二十世纪人文译丛

国民经济、国民经济学及其方法

〔德〕古斯塔夫·冯·施穆勒　著
黎岗　译

商务印书馆
SINCE 1897 The Commercial Press
2017年·北京

GUSTAV von SCHMOLLER

DIE VOLKSWIRTSCHAFT, DIE VOLKSWIRTSCHAFTSLEHRE

UND IHRE METHODE

本书于1893年初版，1910年由作者重新修订。
本书根据美因河畔法兰克福维多里奥·克劳斯特曼出版社1949年版译出。

〔德〕古斯塔夫·冯·施穆勒

作者简介

古斯塔夫·冯·施穆勒（Gustav von Schmoller, 1838—1917），德国经济学家，被誉为德国新历史学派经济学的领军人物。在著名的“方法论之争”和“价值中立之争”中，他分别是门格尔和马克斯·韦伯的论争对手。施穆勒尖锐批判古典经济学片面使用抽象演绎法的做法，他认为经济学家必须从大量经验材料中才能归纳出经济规律。他的学术成就主要体现在：提出一套独特的经济学方法论（“施穆勒纲领”）；论证社会福利的时代必要性，并促使俾斯麦政府创造了世界第一个现代社会福利系统；经济和公共管理领域的历史研究。他的主要作品有《一般国民经济学大纲》《国民经济、国民经济学及其方法》《十九世纪德意志小手工业史研究》《普鲁士行政管理文献》等。

译者简介

黎岗，广东人，赴德留学12年，德国奥格斯堡大学经济学学士、硕士，德国埃尔福特大学经济学博士，现任教于广东白云学院应用经济学院。研究领域为德国历史学派经济学、经济学方法论和中国宏观经济。

总　序

“人文”是人类普遍的自我关怀，表现为对教化、德行、情操的关切，对人的尊严、价值、命运的维护，对理想人格的塑造，对崇高境界的追慕。人文关注人类自身的精神层面，审视自我，认识自我。人之所以是万物之灵，就在于其有人文，有自己特有的智慧风貌。

“时代”孕育“人文”，“人文”引领“时代”。

古希腊的德尔斐神谕“认识你自己”揭示了人文的核心内涵。一部浩瀚无穷的人类发展史，就是一部人类不断“认识自己”的人文史。不同的时代散发着不同的人文气息。古代以降，人文在同自然与神道的相生相克中，留下了不同的历史发展印痕，并把高蹈而超迈的一面引向二十世纪。

二十世纪是科技昌明的时代，科技是“立世之基”，而人文为“处世之本”，两者互动互补，相协相生，共同推动着人类文明的发展。科技在实证的基础上，通过计算、测量来研究整个自然界。它揭示一切现象与过程的实质及规律，为人类利用和改造自然（包括人的自然生命）提供工具理性。人文则立足于“人”的视角，思考人无法被工具理性所规范的生命体验和精神超越。它引导人在面对无孔不入的科技时审视内心，保持自身的主体地位，防止科技被滥用，确保精神世界不被侵蚀与物化。

回首二十世纪，战争与革命、和平与发展这两对时代主题深刻地影响了人文领域的发展。两次工业革命所积累的矛盾以两次世界大战的惨烈方式得以缓解。空前的灾难促使西方学者严肃而痛苦地反思工业文明。受第三次科技革命的刺激，科学技术飞速发展，科技与人文之互相渗透也走向了全新的高度，伴随着高速和高效发展而来的，既有欣喜和振奋，也有担忧和悲伤；而这种审视也考问着所有人的心灵，日益尖锐的全球性问题成了人文研究领域的共同课题。在此大背景下，西方学界在人文领域取得了举世瞩目的成就，并以其特有的方式影响和干预了这一时代，进而为新世纪的到来奠定了极具启发性、开创性的契机。

为使读者系统、方便地感受和探究其中的杰出成果，我们精心遴选汇编了这套“二十世纪人文译丛”。如同西方学术界因工业革命、政治革命、帝国主义所带来的巨大影响而提出的“漫长的十八世纪”“漫长的十九世纪”等概念，此处所说的“二十世纪”也是一个“漫长的二十世纪”，包含了从十九世纪晚期到二十一世纪早期的漫长岁月。希望以这套丛书为契机，通过借鉴“漫长的二十世纪”的优秀人文学科著作，帮助读者更深刻地理解“人文”本身，并为当今的中国社会注入更多人文气息、滋养更多人文关怀、传扬更多“仁以为己任”的人文精神。

本丛书拟涵盖人文各学科、各领域的理论探讨与实证研究，既注重学术性与专业性，又强调普适性和可读性，意在尽可能多地展现人文领域的多彩魅力。我们的理想是把现代知识人的专业知识和社会责任感紧密结合，不仅为高校师生、社会大众提供深入了解人文的通道，也为人文交流提供重要平台，成为传承人文精神的工具，从而为推动建设一个高度文明与和谐的社会贡献自己的一份力量。因此，我们殷切希望有志于此项事业的学界同行参与其中，同时也希望读者们不吝指正，让我们携手共同努力把这套丛书做好。

“二十世纪人文译丛”编委会
2015年6月26日于光启编译馆

目　录

编者序

符腾堡的前国家候补财政官员施穆勒（Gustav von Schmoller）在哈勒 3
第一次获得教授席位时，才26岁。其实他本来希望像父亲和其他先辈一样，成为符腾堡管理部门的文官。然而，一条消息断送了他在官场的前程：他撰写了一本小册子，在普鲁士和众南德意志王国间的关税联盟冲突中，表达了非常不利于符腾堡的立场。

在哈勒，年轻的施穆勒也马上卷入到斗争之中，当然这次不是反对政府，而是反对他在那里遇到的学术观点和教学方式——这个事件对他产生了持久的影响。他充满激情地要求彻底抛弃这些东西，因为无论从哪个角度，他都认为它们站不住脚。

那个时候，在几乎德国所有大学讲台上宣讲的是什么样的学说呢？尽管它不再停滞于旧官房学的政策学[1]中，却沉湎于在英国大师们的德国信徒影响下被推到极端的唯理论，也就是所谓的曼彻斯特学派[2]。“部分是洞察力的增长，部分是投机取巧得来的思想财富的增加，”年轻的施穆勒这样概括这类学说的特征，“它使信徒们无法避免这种风险：越来越失去脚下现实的土壤，越来越变成完全无立场的、苍白的、玄思怪想的、耽于抽象的、只知道定义和划分的象牙塔学者，变成沉湎在空想里的社会主义者，变成只会算数的数学家，变成教条主义、傲慢自大的、信奉冒险小说里自然法观念的理论

1 这个德语词按字面是“警察科学”（Polizeiwissenschaft或者Policeywissenschaft），是对旧官房主义学说的称谓，它指一种关于国家内部秩序的学说，其内容涵盖了公法、国家管理和国民经济学领域。此处按照朱绍文的译法（朱译罗雪尔的《历史方法的国民经济学讲义大纲》商务印书馆1986年版，第15页）。——译注

2 曼彻斯特自由主义（Manchester Liberalism）是19世纪起源于英国曼彻斯特的政治、经济思潮，它主要信奉自由贸易、人的自利和自由放任的经济政策。——译注

家。这是完全脱离实际的唯理论的精神痨病。”

要对抗这种疾病，只能坚决地回归到以经验为依据的现实。只有如此，“才能向被痨病侵蚀的国民经济学肌体的血管里，重新注入血液和生机”。它将使以下两者成为可能：首先，国民经济学得以更好地实现它的目标，即成为一门普遍性的科学，以及更好地完成培养了解国民经济的新一代行政官员的任务；其次,这门科学得以通过完成重大的国民经济和社会福利任务，使自身不断完善，而这些任务正是那个时代迫切提出的。当时，占主导地位的学派所颂扬的“利益的和谐”，与现实中的社会矛盾极端不相符——这些矛盾恰恰出现在德国的工业经济迅速冒起，并谋求进一步发展的时候。

4 当“斯密（Adam Smith）大师”——德国经济科学的自由主义先驱——拒绝承认“劳工问题”的现实存在，并否认它可以通过一些不同于事物自然过程的人工手段得以解决时，我们该怎么办呢?

在此我们无法深入介绍，施穆勒在刚刚来到哈勒的时候如何与这种论调针锋相对，成为坚定的社会政策（Sozialpolitik）[1]代言人，以及他以后如何建立了社会政策协会（Verein für Sozialpolitik）——正是施穆勒在1872年10月以他著名的“艾森拿赫讲话”（Eisenacher Rede）为其创办会议揭开了序幕。

当他跻身德国最优秀的经济学家行列时，年仅34岁。他再一次考虑接受到柏林的聘请，但直到1882年真正去那里任职之前，他在重新归属于德国的斯特拉斯堡大学整整工作了十年。在斯特拉斯堡度过的年头是他生命里最美好和最富创造力的时光。在哈勒他已经发现了自己的主要研究方向，而他在斯特拉斯堡以及以后在柏林的努力则进一步发展了它们。这里涉及三个主要领域：1.社会福利问题；2.在经济和公共管理的各个领域中的历史—现实性

1 特别需要说明的是，“Sozialpolitik”一词通常译为“社会政策”，其实这个德语词指国家辅助弱势的社会群体提高其福利的各项措施（今天它涵盖医疗保险、失业保障、养老保险、家庭政策等方面）。把它译作“社会政策”似乎太空泛，译为“社会福利政策”又略嫌狭窄。——译注

研究；3.用于论证和创造一种新的国民经济学学说的方法论。

我们所引用的论文属于他的第三个工作领域。到哈勒之前，施穆勒已经计划承接他在图宾根大学经济系获奖的博士论文——它的研究对象是宗教改革时期占统治地位的国民经济观点——写一部书，即从它们与国民经济学的关系出发，探讨伦理学和方法论。作为对这本书的准备工作的论文，只有少数几篇被发表了，如一篇关于席勒的伦理和文化历史立场的论文、一篇后来付印的关于约翰·戈特利普·费希特（Johann Gottlieb Fichte）的研究，以及在文集《国家和社会科学文献史》（*Zur Literaturgeschichte der Staats-und Sozialwissenschaften*, 1888）中跟其他人一道发表的关于弗里德里希·李斯特（Friedrich List）、凯里（Carey）、洛仑兹·冯·施泰恩（Lorenz von Stein）、罗雪尔（Roscher）、克尼斯（Knies）、舍夫勒（Schäffle）、亨利·乔治（Herry George）、赫兹卡（Hertzka）、门格尔（Menger）和狄尔泰（Dilthey）的系列研究。之后他在1890年写下第一个对国民经济学学说和方法论的概括性阐述，即我们出版的这篇论文。它原来是为《国家科学简明词典》（*Das Handwörterbuch der Staatswissenschaften*, 1893）撰写的一篇文章，出版于1893年。它在文集《社会政策和国民经济学的基本问题》 5
（*Grundfragen der Sozialpolitik und der Votkswirtschaftslehre,* 1898）里再次付印。1910年为了《国家科学简明词典》的第三版，这篇文章重新做了修订。施穆勒很清楚——正如他在这个新版本的一条注释中写道——他虽然在这些方法论的探究中没有使他的反对者遂意，甚至引起了跟他们的进一步对立，但“此外，重新修订令我非常着迷，因为我感到一种强烈的需要。在我最后的日子里，这仿佛是我交付给将来的一份方法论的遗赠。借此，我确认了自己在多大程度上坚持了1890年的观点，在多大程度上在那之后的研究中取得了进步，以及我和其他人能在其中发现多少错误的、片面的或夸大其词的倾向”。人们比较两个版本之后就会发现，第二版并不是一个全新的文本，而是对旧文的补充。旧版本的文字几乎被全无更改地保留下来，新的考察被插入其中或作为独立的段落添加进去。补充进去的部分一般仅仅限于一些或长或短的简单探讨，只有原来的第六节《关于国家、法律、国民经济的知识系统或一般理论》被扩充为长达30栏的经济学思想史概述。

在这个版本里我们采用了如下处理方式：以注释的形式，按所在的位置把新添加进去的阐述附加在1890年版的原文之后。不过我们相信可以放弃重印思想史概述的部分，因为从它写就以来已经经过一个世代多的时间，对今天的读者来说，它在不少地方已经显得陈旧。

我们可以说，施穆勒在1910年坚持了自己1890年所阐述的观点。通过之后的补充，它们更多是被确认而不是被否定。就像人们读到的那样，只有在一个对他来说根本性的问题上，施穆勒相信必须对他早期的观点进行修正，即关于伦理价值判断在国民经济学中的合法性问题。1890年他曾经要求——他在1910年这样写道——科学研究应该在严格的方法的基础上尽可能限于事物或事件的存在，但现在他要与马歇尔站在同一阵线，加上这点：我们必须从“既定事实”（Sein）推断“发展方向”（Werden）。他在与“价值中立”的代言人马克斯·韦伯（Max Weber）和桑巴特（Sombart）的辩论中，详尽地论证了这个观点。[1]

6 如果说这个关于他的方法论的新文本留下了他透彻深刻的工作的证据——年迈的施穆勒把这些材料用在了这个新版本里，那么从某个角度看来，我们确实可以认为旧版本更为优越。因为旧版本放弃了深入到细节的文献性按语，并更专注于根本问题的讨论，所以它更加精炼，也更令人信服。

因为我们已经把文章本身带给了读者，也就用不着对它的内容进一步加以讨论。施穆勒拒斥一个脱离社会科学的“国民经济”概念。他在其中看到一个统一的、现实的整体：尽管构成它的个体经济和经济法人具有独立性，但它们被一些相同的心理和物质的力量主宰着，因为它的全部部分之间紧密地互相作用着，而且它的主要组织对所有部分施加着显而易见的影响。与之相应，国民经济学所必须完成的任务的范围也包罗广泛。它应该把文化生活

1 意为人类应当认识社会经济制度的历史发展过程及其现状，并根据这些知识，借助伦理价值，探讨完善这些制度的方向和手段。另参见原注⑥。——译注

中的国民经济现象，一方面放在它们与自然的、生物学的和技术的发展的联系中，另一方面置于与心理的、道德政治的和社会—历史发展的关系里考察，并借此解释国民经济的由来和发展。经济行为和经济制度不再应该仅仅从一些价值过程或者任何一种单纯的欲望推导出来，而是应该从那些心理力量推导出来，并应该在道德、习俗及法律的框架内被理解。

这是对国民经济学提出的一个巨大的任务！根据施穆勒的观点，它只能在大量费时的历史的、现实主义的研究基础上才能实现。只有这类研究，才能为我们从国民经济学和社会政策的角度理解历史，以及通过经验知识构造国民经济学理论，提供一个恰当的基础。这里所追求的、被施穆勒视为真实的东西，是经济科学中一个完全的创新。他在1883年已经对卡尔·门格尔这样呼吁："一个国民经济学的崭新时代将要来临，但只能通过今天进行的历史—描述性材料的积累，而不是对已经蒸馏过一百遍的抽象旧教条进行再一次蒸馏。"

施穆勒曾一次又一次拒绝了这种要求：写作一部一般国民经济学理论。因为他认为还不是完成这项任务时候，还需要学者为此辛勤工作数十年；在不忘记最后的宏伟目标的前提下，为了获得一种经过科学确证的经验知识，必须进行大量的专门领域的具体研究。他一方面亲自从事这些工作，另一方面又鼓励这类研究。在他编辑的《年鉴》[1]里，没有一期缺少出自他笔下的
论文。凭《国家和社会科学研究》，他为他众多的学生和其他年轻学者的最 7
优秀的论文创造了一个出版机构。当他被选入普鲁士科学学会，他马上推动编写《普鲁士行政管理文献》(*Acta Borussica*)[2]——这是对18世纪普鲁士经济、行政管理的证明文件及公文的整理和出版。"社会政策文献"的课题是由他确定的，提供了对当时的经济生活中各式各样现实问题的事实性研究，因为他不认为历史材料具有相对于其他事实材料的根本优先权。而且，并

1 指著名的《施穆勒年鉴》(*Schmollers Jahrbuch für Gesetzgebung, Verwaltung und Volkswirtschaft*)。——译注

2 这是一套卷帙浩繁的专门收集普鲁士国家治理方面历史材料的文集。——译注

非只有施穆勒和他的学生做着这种工作，这在其他大学也被普遍接受。这个运动的影响甚至蔓延到国外。在那里，同样产生了历史—现实性的、具有高度认知价值的国民经济学著作。来自各方面的事实材料如此被搜集起来，新的国民经济学研究领域被开拓，但一种一般国民经济学理论真的能够以大量的个别认识构造起来吗？施穆勒冒险做出了尝试。经过13年的长时间工作，他写下了他的《一般国民经济学大纲》(*Grundgriss der allgemeinen Volkswirtschaftslehre*，以下简称《大纲》)，一部规模庞大、密密麻麻地印成两册大八开本的作品。这是第一次，一个奠基在历史主义观念之上的经济学知识体系被建立起来。其他新领域的经验被引入国民经济学之中。社会和经济生活在它的整个多样性中被领会，并且在一束新的光芒下被描绘——这束光芒标志着一种最大限度的全面的教育[1]。

这毫无疑问是一项功绩。不过在人们必须对这项成就致以敬意的同时，我们也知道，它确实还不太令人满意。它当时被“纯理论”的代表人物所抵制，这点很容易理解。但连那些期待施穆勒按他自己倡导的方法发展一套一般国民经济学理论的人也失望了。因为他们期待为经济学发现某些新原理，但《大纲》却离一种真正的历史性国民经济学理论仍然很远，问题显然是，这样的一种建立在如此广阔的基础上的理论——就像施穆勒为它所选定的——究竟是否可能被创造起来？

不过,如果人们因为这个任务在第一次尝试中没有成功,就要全盘否定它，也许还为时尚早。阿图尔·斯皮索夫(Arthur Spiethoff)——施穆勒最
8 出色的学生之一——在好几篇文章里论述过，为了创建一种基于历史方法的理论，必须如何进一步发展和应用这种方法。他还在他的危机理论中为此

1 原文是“eine universale Bildung”，德语词“教育”(Bildung)除了指知识和技能的学习，更强调社会规范和精神价值的传授，它的目的是塑造一个人的完整人格。施穆勒在本书中曾强调总结经济理论的一个重要目的是知识传授。这也跟施穆勒对狭隘的“专业知识”的批评，以及他的学说的强烈跨学科性是相符的。——译注

提供了一个范例[1]，说明事实搜集和理论分析如何能被互相联系起来。约瑟夫·熊彼特（Joseph Schumpeter）在他跨度广阔的文章《古斯塔夫·冯·施穆勒和当今的问题》（“Gustav Schmoller und die Probleme für Heute”，1926）里指出了，施穆勒如何为了使依据历史方法的研究得以进一步发展，努力地保持开放的态度。这样我们也许就会明白，为什么施穆勒在试图推导出一般性的结论时那么小心翼翼。而当他变得愈年长和愈睿智时，他身上的这种倾向就表现得愈明显。这使他招致了“徒劳的历史相对主义”的指责。而他的其他文章最能说明这种责难如何没有根据。这些文章比他的《大纲》更好地让我们认识施穆勒的思想方法，因为在《大纲》里施穆勒认为，他必须从自身的领袖地位考虑，采取一种谨慎的态度。

自施穆勒高龄逝世（1917）以来，已经过了超过一个世代。我们获得了历史的距离，去公正地评价他个人和其著作。他引入了一场科学运动。为了把国民经济学从它当时所陷入的死气沉沉的停滞中解救出来，并把它带向新的发展方向，这场运动是必不可少的。作为这场运动的代表人物，他探索了国民经济学各种学术观点的历史，并以此在经济学思想史中确立了自己的地位。当那些在学术争论中被涂在他的名字上的污泥掉落后，留下来的——用熊彼特的话来说——是这样一个人的画像：“一个忠实地服务于自己的工作、不断自我否定的人；他取得的成就远远超过我们的能力；他令敌人和朋友同样肃然起敬，无须通过赞美拔高，也无法被责难损害。”

奥古斯特·斯卡尔维特（August Skalweit）

1 指斯皮索夫的《经济波动：繁荣、危机、冲击》一书（Arthur Spiethoff, *Die wirtschaftlichen Wechsellagen – Aufschwung, Krise, Stockung*, Tübingen: Mohr, 1955）。——译注

一　国民经济

我们首先要问："经济"和"国民经济"到底是什么意思？前一个概念 9
远远要比后一个古老。从古希腊哲学家们开始，自给自足的家庭经济、与之相关的物物交换和金钱往来，以及社区经济（Wirtschaft der Gemeinden），已经作为特殊的、应该专门研究的对象出现。受其影响的具有高度文明的民族把这些问题与其他的区分开来，归于"家政"和"经济"的名下。当时，家庭、城邦集体的预算和收入是这些被作为"经济问题"筛选出来的思想的核心内容。技术性的行为，即人们如何获取自己的食物、衣物、住处，在此也被一并考虑在内。但相对于通过家庭和社区、市场和流通实现的规范这些行为的社会秩序，这些行为仅仅处于次要地位。如果说我们从过去的年代继承了什么经济研究方面的遗产，那么就是对经济行为的道德和政治的考察。德语词"家长"（Wirt）和"经济"（Wirtschaft）首先意味着家庭的财政，就像"经济学"（Ökonomie）来源于希腊语"家庭"（οἶκος）一样。家长就是一家之主、地主或店主。由此我们可以把"经济"定义为一个封闭的群体中的活动和关系的总体。这是由一个或者一些共同生活的人，通过他们的工作、他们对外部物质世界施加的影响，以及他们以生计为目的的物品交换所创造的。这些活动和关系首先是针对个体自身或其所属群体，而后才涉及"外人"。而每个个别经济体的生存，皆以其他与之相邻的经济体为前提；他们之间又依据权利范围互相区别。这些邻近的经济体通过氏族、社团、国家、国际法与该个别经济体联系起来，通过人们的共同工作以及物品、服务交换而以或远或近的关系与之共存。

早期的家庭经济不依赖市场，完全只涉及自身，只为满足自我消费需要而生产。只有在某些情况下它们才与相邻的经济单位发生联系，像村庄和氏族成员为集体耕作、防御、公共建筑、放牧、狩猎而共同劳动。除此以外，在后来的村庄经济里，像较早的市镇商贩和手工业者，已经开始在本地域内进行以物易物和集市交易。不过人们过去并不把这称为国民经济。实际上，从与之相关的政治—法律秩序看，当时的物品流通极大程度上只是地域性的。
10 只有到较晚的时候，越来越多的社区和国家设施才进入我们的视野的中心位置。但那些古代的大帝国，即使是古罗马帝国，也仅仅是由许多城市行政区或军事专制政权组成而又凌驾于这些单个单位的联盟。后来的整个中世纪，本质上也没有超出集市、村庄、市镇和属地经济的范畴。因为尽管语言以及军事、教会、政治的状况创造了较大的权力组织（Gemeinwesen），贸易使人们建立较远、较广泛的联系，但在经济上，那时依然是一定数量共同生活的、由于邻近而关联和来往的家庭的联合。

我们称作“国民经济”的东西，仅仅随着大型民族国家的建立，才在它们的内部被观察到。这些民族国家兴起于中世纪末期，而直到现代才从根本上趋于完善。如果说在现代国家建立的过程中，现代语言和现代文学、现代军事组织和财政组织、行政机构和宪政机构等既是国家成型的原因也是其结果，那对它们在国民经济形成过程中的地位也应作如是观。当人们谈到Volkswirtschaft（德语“国民经济”，字面是“民族的经济”或“人民的经济”的意思）、political economy（英语“政治经济”）或économie politique（法语“政治经济”）时，他们是指这些巨大社会组织产生过程的经济方面。就像我们常常看到的那样，比起学者们挖空心思试图创造的新概念，语言方面的天才人物在此更准确地表达了真理。通过把“人民”（Volk）放在“经济”（Wirtschaft）前面，他们创造了一个既表示集合又表示个别的概念：“国民经济”；通过把一个民族的众多个别的经济体概括在一起，他们又传达了这些个体其实是互相关联的，正像我们能够而且必须把家庭、社区或国家理解为一个真实的整体一样。在此，德语词“人民”或“民族”一方面被用来表示一系列观念的全体，正是它们把一个民族或国家的成员团结在一起；另一方面它们代表了这个群体内部各种形式的心理—道德联系。国民经济把经济现象的社会方面分离出来作为自己的内容，而这些现象的技术性和家政经营方面则被置于次要位置。近似地，这个词又把社会和政治现象分解为两个部分，仅仅考察它们的经济本性。过去在德国，人们使用的是另外一个概念：“国家经济”（Staatswirtschaft）。我们用“国民经济”这个概念代替它是非常恰当的，因为前者可能会产生糟糕的歧义，即国家权力主导着一切
经济过程。尽管对这个词的望文生义的解释，即人民像一个单个主体那样进 11
行经济活动，也为一些偏颇的论断和抨击带来了口实，但只要人们恰当地依据其中包含的思想实质来理解语言，就能发现这些论调的谬误。

一个民族是这样一个由众多的人组成的群体，它通过语言和种族起源、习俗和道德，往往还通过法律和教会、历史和国家宪法统一在一起。它在内部由成千上万的纽带紧密相连，并因此与其他民族的成员区分开来。这些纽带被现代的民族语言和文学，今天的学校教育、出版业，以及公众共同的观念无限地增强了。在过去，强烈的内部心理凝聚力只存在于家庭、社区和民族的伙伴间。而今天，它在民族的成员之间产生了。共同感情的总和赋予了一个民族灵魂，同时，一系列共同的观念从民族意识的萌芽中发展出来，创造了我们称作统一的民族精神的东西。它表现在共同的风俗、追求和共同的信仰产生的行为之中，决定了个体的行为和原动力。这当然也影响了他们经济方面的活动。在无数或紧密或松散、以心理的认同为基础的圈子之中——正是它们在社会精神生活中创造了那些团结的力量和力量中心——那个被我们称为“民族”的圈子是最高级和最强大的。在它以外，一些隶属于民族共同体的较狭窄的圈子也存在着并发挥着作用，有时候甚至站在“民族”的对立面。然而“民族”却海纳百川，占据着统治地位。但“民族”首先是一个订立准则的巨大精神性实体，它在民族成员中创造了意志统一。当人们在高级意义上谈论“民族”时，指的就是这种部分有意识、部分无意识的，没有

统一的指挥而又统一地发挥作用的力量。在这种意义上，国民经济也是一个以心理力量以及这些力量的凝聚、协调为基础的统一体。

但并不仅仅如此。以往，一个社区和群体中的个体经济已经通过物品交换和劳动分工联系在一起了，而现在则是在整个民族和国家之中的经济单位——商品和服务的自由内部市场、迁徙自由、国家范围的分工、现代的交通工具——把同一国家内的经济单位这样联系在一起，就像邻近的个体经济一样。类似的联系今天已经远远越出国界，构造了世界经济。但当然，这些国际间的联系比国家内部存在的要弱得多，单个的国民经济体在今天依然占主导地位。至于它们在数百年后是否融为一个世界经济体，仍未可知。果真
12 如此的话，我们的语言表述方式也将改变。除通过劳动分工和流通所产生的自由联系以外，还有一些法律上和组织方面的、依靠统一的经济法规和一些全国性的经济机构制度建立的联系。如一个一体化的商业、手工业、农业政策；一套统一的税收、关税、财政法规；一个国家性的货币、信贷系统；一个全国和地方性的公债系统（Schuldenwesen）；一系列国家性的统治、培训、教育和军事机构；一个由铁路、隧道、蒸汽火车构成的国家交通网络；国家的殖民地；还有国际性的协定。今天所有这些设施和制度以前所未有的方式统治着每个单独的经济单位，使它们成为依附于“国民经济”的一个环节。

这样，我们可以把国民经济定义为：在一个国家内存在的单个和互相协作的经济体的统一总体。这些经济体或相邻，或分成等级、相重叠，其中也包括国家的财政管理。我们把这个总体看作一个统一的系统，它由一个民族的一切经济—社会活动和制度组成。尽管它有着互相独立的构成部分，我们把这个系统理解为一个统一、真实的整体。这是出于如下的理由：因为这个总体被一致的心理和物质原因所控制；因为它的所有组成部分密切地相互作用，它的那些核心组织确实对各部分发挥着作用；因为尽管其部分不断更替变化，每个国民经济体可以被我们理解为一个整体现象，它本质上就像其他单个的生命体一样，不变地持续存在；因为我们能够把一个国民经济中的所

有变化理解为同一个生命体自身的发展。①

国民经济在过去两个世纪发展为一个相对独立的制度和活动系统。尽管一定程度上过去某些具有独立利益的组织被保存下来了，国民经济在人们的观念中还是恰当地从国家、教会以及其他社会圈子和人类生存领域分离出去，成为一个独立自存的个人和社会行为的系统。当然，我们一定不能忘记，这种分离更多的是在思想中而不是在现实里发生。那些遵循其他文化目的塑造国家和教会、构成社会圈子，并作为道德、习俗、法律的载体呈现的力量，与在国民经济中作用的力量，其实没有区别。很多社会组织，如家庭、社区、国家权力机关等，跟所谓的经济组织一样，服务于同样一些目的。国民经济一直都是整个社会生活的一个被整合着的部分。现代国家和国家管理也属于它的领域。离开了现代国家各种机构，就根本无法想象国民经 13
济的存在。如果我们要把国民经济想象成国家和它的机构的对立面，认为经济是一个由一些独立的力量共同作用形成的、相对不受约束的系统，我们也不能忽略下面的事实：即使国民经济比起国家确实较少地需要一个来自中心的集中领导，今天在它里面通过国家的经济政策，通过大型信贷机构、贸易组织和经济协作组织，已经产生了一种广泛的、有意识的、统一的领导力量。此外我们还必须认识到，无论是对国家还是国民经济，那种内在的、纯粹心理上传播的，由于共同的秩序、集体的力量、一致的追求所产生的统一，也许比那些发号施令的中央机构带来的秩序更为重要。

只要我们明白，这不过是一个类比或一幅图画，它能说明好些东西，却无法取代来自事实本身的解释，那是否应该以人的身体作为蓝本，把国民经济称为一个生命机体，看起来只是个次要的问题。类比方法能够恰当地指出，无论是在人类的身体内还是国民经济体系里，都在中央组织没有意识到的情况下，发生着大量的内部过程。但同时，整体的协调一致——如果有必要的话也包括一个有意识的中央调度——并不缺位。然而这最多不过是个比喻。因此当我们把国民经济称为一个整体时，重点始终是这种统一的真实原因。那就有必要明白以下事件是如何发生的：人们从首先显然是纯个人的需要和欲望出发，越来越紧密地与较大和较小的群体联系着——部分是直接地，部分是以物品交换的形式间接地——并最终能够互惠互利地工作。如此，一个社会、政治的根本问题渐次进入了国民经济探究的中心：人们为何联合起来或互相分隔？又是什么原因决定了社会群体的形成？这一问题正为所有国家和社会科学提供了出发点。

二　国民经济学

“国民经济”这一概念在我们的语言中出现的同时，在由众具体科学构成的人类认识体系内产生了一门特殊的学问：国民经济学。

数百年以来，个别的私人经济和社会经济事实被观察和描述，个别的国 14
民经济真理被认识，经济问题在道德和法律系统中被探究。但这些所属的部分只有在以下的条件具备以后，才合而为一，成为一门特殊的科学：国民经济问题对17至19世纪的国家的领导和管理产生前所未有的重要性；大批作者从事对它们的研究；对在大学学习的青年传授这些知识变得非常必要；同时，科学思想的进步达到这样一个程度，即我们搜集到的国民经济命题和真理形成一个独立的，凭借某些基本思想，像货币和物品流通、国家经济政策、劳动和劳动分工结合起来的紧密相连的系统，正如18世纪的一些重要作者所做的尝试一样。从那时起，国民经济学才得以作为一门独立的科学而存在。今天有时也用“民族国家经济学”“关于民族国家的经济理论”或“政治经济学”称呼它，然而最后一个表达方式显然隐含着一种意思，即从国民经济学中发展出来的一些独立的部分，像财政学或一些辅助学科如统计学都应纳入其中。密尔（John Stuart Mill）把它定义为一门研究财富的本性及其生产、分配规律的科学。但本质上财富的本性也是技术性的，而且财富生产和分配的规律无法彻底阐明问题的全部，即使不去考虑到底我们是否真的占有这类规律。劳（Rau）这样下定义：“（国民经济学）是这样一门科学，它阐明国民经济的本性，并说明一个民族如何通过其成员的经济追求持续地获得实物产品。”罗雪尔（Wilhelm Georg Friedrich Roscher）说，它是“国民经济的发展规律的学说”，它只处理动态的变化及持续、有规律的生存表达（Lebensäußerungen），而不是静态的组织方式。曼戈尔特（Mangoldt）是这样说的：“（它是）对那些经济的基本力量、呈现自身的方向、作用规律和取得成果的条件的科学阐释。”诺伊曼（Fr. J. Neumann）首先非常尖锐地强调了经济学的社会特征，他把我们的学科称为“关于众多单个经济体行为的学说，包括它们如何相互作用，以及如何联合成国家经济体”。这些例子已经足够了，而我想说的是：它是这样一门科学，它描述和定义国民经济现象，并寻找能解释它们的原因。它还试图把这些作为一个互相联系的整体来理解，但当然，其前提是国民经济这个概念已经被正确地定义。处于这门科学的中心的，是一些在现代高级文明民族的生活里反复出现的典型的现象：劳动分工和劳动组织、商品和货币流通、收入分配或社会的经济机构。它们以特定形式的私法或公法为依据，受相近或相同的一些心理力量所控制，产生相近或相同的一些组织方式和活动。对它们的整体描述，展现了现今文明世界的经济方面的静力学和它的一种平均状态。以此为基础，我们的学科便开始试图探究各个个别国民经济体之间的差异，辨别它们在不同国度的不同组织形式，并追问，这些不一样的形式有什么联系？带来怎样的后果？这就能认定不同的发展形式具有各自特殊的因果必然性，以及经济状态的历史发展序列真实存在吗？[1]如此，动态的考察被增添到静态研究之上。在它出现之初，国民经济学便出于道德—历史的价值取向致力于探索理想的制度。[2]它今天仍在一定程度上保持着这种实践的功能，除了理论，它总是提供着对人

1 这句话的前一半指很多新历史学派的学者所持的一种观点，即不同国家因为历史文化条件相异而发展出不同的经济形式。桑巴特把这称为不同的“经济体制”（Wirtschaftssystem），斯皮索夫称作“经济模式”（Wirtschaftsstil）；后面的“经济状态的历史发展序列”应是指经济发展的阶段理论（Theorie der Wirtschaftstufen），即认为经济是遵循某种规律从低级到高级发展的，例如旧历史学派的学者罗雪尔即持这种观点。马克思把经济发展划分成自然经济、奴隶社会经济、封建经济、资本主义经济和共产主义经济，也是典型的阶段理论。——译注

2 施穆勒认为新制度的出现是因为它比旧有的更符合道德、更能带给人类幸福。——译注

类生活的实用的训导。

像每一种科学一样，国民经济学只在其核心是独特的。在外围，它与众多的相邻学科互相交叠，与这些学科部分地共享着同样的材料和方法；它依赖于这些科学，从它们那里获得养分，而后者则通过它们的成果丰富了经济学。因此，人们可以合理地就经济学的核心进行争论，然而不能质疑它与周边的科学的交叠关系。这种关系——尤其对精神科学——表现在总是模糊和变动的学科间的边界，以及一片各学科共同拥有的管辖领域。国民经济学处在这样一些学科的中间：一方面是一些应用自然科学，如工艺学、机械学、农业经济学、森林经济学，以及人类学、民族学、气候学、一般和特殊的植物和动物地理学；另一方面是最重要的精神科学，像心理学、伦理学、国家科学、法律科学和社会学。这是因为国民经济总同时是一个由人创造的自然结构，和一个由感觉着、思想着、行动着的有组织的社会构筑的文化结构。每一门科学的研究对象界定及其系统化依赖于它的内在发展状况及讲授、使用它的实际意图。在德国，亚当·斯密和他的第一批追随者作为一种统一的增进国民财富的学问所讲授的东西，首先根据南德官房主义
(Kameralismus)课程的需要被分成三个部分。劳把财政学作为一个特殊的 16
部分分离出来，因为它处理的是最大的和最独立的经济个体（即国家），并包含了一系列只归属于它自身的问题。劳不仅仅希望向官房主义者们讲授关于税收和国家债务的一星半点知识，而且要描绘一个德意志国家的整个财政。[1]他把剩下的部分又分解为纯抽象理论和实际的应用。后面这种区分一方面迎合了当时来自英国的流行观念，即认为存在一个完全不依赖于国家和管理的自然国民经济体，同时它又允许我们通过纯粹逻辑的、主要是抽象的

1 在官房主义兴盛的时代，在今天德国的国土上存在着许多小国。官房主义者反对经济管理中的“自然秩序”观念，提倡通过公共管理、税收、制度、法律规范等手段，积极、务实地促进诸侯国的经济发展。他们也认为，领主一方面有管理国家的权利，另一方面又有发展国家的义务。参见埃里克·S.赖纳特和贾根良编写的《穷国的国富论——演化发展经济学论文选》下卷，第16章，高等教育出版社2007年版；以及伊特韦尔等编的《新帕尔格雷夫经济学大辞典第四卷》“官房经济学派”(Cameralism)词条，经济科学出版社1996年版。——译注

原理，去表达价值、价格和收入分配的关系；在另一方面，它满足了这种需要：为学生从行政法性质和技术性的老官房学中挑出最重要的关于农业、工商业以及国家对其管治的部分，并把它们相互联系地讲授。财政学从国民经济学的分离很快也在其他国家的文献中得到认可，但对理论和实用国民经济学，或者国民经济学理论和国民经济政策的区分，更多的是德意志国家的特有现象。这种情况直到今天依然如故，只是渐渐地其他区分原则占据了主导地位。我们今天把一般的和特殊的国民经济学并列在一起，而两者都把国家、法律、习俗和道德与国民经济的关系纳入其考察中。但在前一种情况，我们要阐明一种抽象的一般国民经济，或者说通过对我们的国民经济知识进行理论加工，创造出一种一般国民经济；在后一种情况，我们要描述在一个特定的时期，或者更多的是在一个特定的民族或多个民族组成的群体中进行的具体、个别的经济活动。

现今的一般国民经济学具有哲学—社会学性质。它从社会的本质以及经济生活、经济行为的一般原因出发，静态和动态地描述经济体的典型组织和活动，以及最重要的机构制度。它系统地、原则性地试图用我们不完整的认识碎片构筑一个整体：它从一般推演特殊，把特殊的现象更多地只作为真理的图解，并相信自己能传授这些真理；它交给新手一张粗略的草图，而对学者，它又试图把特殊真理推上一般真理的地位；它越把自己仅仅局限于抽
17 象—理论地研究价值和收入问题，就越能成为一个完整自足的体系。当它想从它们与之前的社会原因的联系中去探究全部国民经济现象时，它就向伦理学的、历史哲学的研究靠近。相反，特殊国民经济学具有历史性和实践—行政法性质（praktisch-verwaltungsrechtlich）。它按时期或经济部门讲述西欧或一个单个国家近代的国民经济发展。它从具体的、个别的现象出发，研究原因的细节与机构制度。它使新手在有计划的具体问题研究中能进行全方位的考量。特殊国民经济学的基础是描述性的，它必须在探究过程中考虑所有可能的相邻领域和附带引起的后果。它为研究者提供了坚实的立足点，但当然，它也总要求助于那些一般真理——这些真理来源于一般国民经济学、伦

理学或者其他社会科学。如果说特殊国民经济学首先要从各种原因解释个别的事件，以及从事件迄今的发展过程来推论将来，那作为引领我们的动机，对人类历史、国家命运的伦理价值判断及目的论的世界图像，必然混合在其最后结论中。

这两个流行于德国的国民经济学分支构成了非常合理的两极。它们在材料和方法上互相补充。它们的共存在讲堂上和教科书内也经受住了考验。没有迹象显示，它们还为另一种处理方式或另一个经济学门类留下位置。当前者建立在越广阔的哲学基础上时，后者越依赖于历史的和行政法的基础以及对世界的实践性知识，它们的意图就越好地被实现。它们与人类不同的获得知识的途径是相符合的，而这些途径必须互补不足。②

如此看来，当我们在下面讨论国民经济学的方法时，经常地对这两者区别对待似乎是合宜的。然而这并不正确，因为两者之中都包含了互相交融的各种认识的辅助手段。而且内行的读者也能注意到哪些讨论更多地与一般国民经济学相关，而哪些更多的是特殊国民经济学。

三　方法的本质

我们把“方法”理解为一种由一些准则所规范的、为达到某种目的而 18
设立的操作程序。国民经济学的研究方法就是一套依据科学准则建立的研究程序，它服务并理应能够服务于国民经济知识的增进。它应当根据时间和空间、范围和历史后果勾勒一幅完整的国民经济的图像，通过相同或相异的思想把握国民经济的现象。[1]它凭借一个统一的概念系统对这些现象进行整理排列，把它们分类，并在一个统一的互相联系的整体中理解它们。

一门具体科学的方法为以下几点所决定：

1. 取决于那个时代人类的认识水平达到的高度，也就是取决于那时的认识论和方法论——对某一时代的人类全部的思维和认识来说，它们在基本特征上是同一的。譬如说，对经验观察的运用——像培根首先有力地提倡的——曾经对几乎所有科学发挥了至关重要的作用；而黑格尔的辩证法的影响一度延伸到几乎所有学科，当然也包括关于国家和国民经济的各门科学。

2. 研究方法取决于被研究对象的独特的本性。正如数学的研究方法与物理学不同，物理学的方法又有异于生理学一样，精神科学在整体上具有与自然科学相区别的一套方法，而其中心理学的方法又跟诸种国家和社会科学

1　施穆勒及不少德国新历史学派的经济学家认为，在特定的自然、技术、历史和文化条件下形成的单个国民经济体具有自身特殊的运转和发展规律。这些规律并不放诸四海皆准，而只是在特定的时空下发挥作用。因此这些学者大都极其反对当时流行于英国的以演绎方法推导“经济学公理”的做法。不过，新历史学派的学者也承认，可能存在一些适用于所有经济体的规律。但他们认为，就像著名的“施穆勒纲领”所提倡的那样，这些普适性的规律只有通过大量的经验研究才能被认识。——译注

有所不同。[③]一个知识领域越复杂，它所囊括的具有相对简单形式的现象越多，这个要求就越经常被提出：把研究这些相对简单的、被纳入考察的现象的方法，一同变为这个领域的局部研究方法。这在一定程度上确是事实。例如自然科学和数学的方法对某些国民经济问题是研究的必要辅助手段；心理学的方法对所有精神科学都不可或缺。但由于人类的才智的限制，我们不可能同时掌握所有科学门类和它们的方法，因此熟习本科学部门的那套特有的
19 方法依然是研究者的最重要的任务。具体到社会和国家科学的领域，片面地直接使用自然科学的方法常常带来极大的混乱和伤害。各门精神科学之间的联系自然要紧密得多。就国民经济学而言，它运用一些与其他精神科学相近或相同的方法，因为它要驯服并对之寻根究底的是一些相同或相近的材料。

3. 一门特定的科学所运用的方法取决于它当时所达到的发展的高度。粗糙的认识总是以不完全的真理和仓促的概括为开端。这种操作只能逐渐地被精细化：有时主要任务是观察和描述，有时是对现象的分类，又有时对因果关系的解释占据了中心位置。我们也可以说，人类认知的全部伟大的历史性进展总是与此相关：它的两个要素——经验认识和理性对经验认识的统驭（即唯理论）——对优先地位的争夺。一个精炼经验材料的时代之后，总是跟随着一个对这些经验知识进行更高级的理性掌握的时期。就这样，一些服务于其中一个因素的研究活动互相交替地出现在幕前。理性主义的完满的胜利，只有在我们达到对世界的完全认识之后，才可能出现。

一门具体科学的方法一般通过以下的方式被加工和阐述：或者作为认识论和方法论的一个部分，就像J. St. 密尔、希格瓦尔特（Sigwart）和冯特（Wundt）在我们的领域所做的工作；或者作为某些教科书的导论性的章节，如A. 瓦格纳（Adolph Wagner）的著作；又或者跟其他的科学门类一样，以论文、演讲和论著的形式，这可以在凯尔涅斯（Cairneß）、门格尔、吕梅林（Rümelin）、凯恩斯（J. N. Keynes）[1]等人的著作中看到。

1 这本书所提到“凯恩斯”，不是我们所熟知的英国经济学家约翰·梅纳德·凯恩斯（John Maynard Keynes），而是他的父亲约翰·内维尔·凯恩斯（John Neville Keynes，1852—1949），也是一位有建树的经济学家。——译注

四　作为所有社会科学的开端的规则汇编[1]与宗教体系

早期世代间的联系，使父亲所遵循的行为准则深深地铭刻在儿子的身上。这些准则部分是从祖辈传承下来，部分是父亲通过自己的人生经验总结的。随着技术性知识越来越多地积累，礼节和习俗逐渐形成，宗教仪式和法
律条文也越来越要求人们的遵循。为了便于传授，这些准则已经越来越多地 20
以箴言和诗歌的形式被确定下来，以有韵或无韵的形式流传着，并最终随文字的出现被记录。就这样，首先通过神职人员的手，然后通过普通信徒，产生了那些形式各异的规则系统：药方的收集、技术准则的汇编，以及宗教仪式、法律和习俗规则系统。它们以如下一些形式出现：如十诫、其他一些古典时期的规范汇编、中世纪的赎罪书[2]、法律判例汇编、修道院和行会的技术规则汇编、后来的药草与园艺书，以及在某种意义上旧官房学文献中的大部分。这些活动的目的是，使实践—技术性的以及公益的、习俗的、社会的行为规则得以保存和流传。宗教的、习俗的、法律的、道德的和实践—技术性的文献汇编和法典都来源于此。这些规则被反复地抄写、修改，也被不断地解释和进一步演绎。它们还不是科学，但它们正是科学的开端。它们的唯

1　原文"Regelsammlungen"，意思是收集在一起的规则，这些规则不一定是有系统的。好像德语的"文集"就称为"Aufsatzsammlung"。在这里译为"规则汇编"。——译注

2　欧洲中世纪供神职人员查阅的手册，里面根据基督教信仰列出轻重不同的"罪"的目录（有时也包含对一些"罪"的详细讨论）、赎罪的价目表（即为赎罪应向教会捐献的金钱），以及其他赎罪方法的列表，如一种罪应通过斋戒补赎，另一种则应增加祷告的次数或多参加弥撒，等等。——译注

一目的是，依据流传下来的秩序为人们订立一种行为规范。这些规则依赖于实践经验，但当然并不仅仅依赖于它。全部的人类行为都由快乐和痛苦的感觉以及与之相交织的欲望所驱动，但是与此同时，一方面通过思考、权衡轻重、自我控制和更高级的感情，另一方面在社会环境和社会目标的作用下，产生了礼仪秩序，重新塑造了人的本能生活；习俗、“应然”的概念、良知的权力，以及应被赞赏或指责的行为的观念，也因此出现。这是一个内在的过程，而它的成果通过对鬼神的敬畏，对社会性谴责和排斥、复仇和惩罚的恐惧，而被外在地固定下来。如此一来，它仿佛被置于一个社会压力装置之下。这些最古老的规则——它们既以个体的福祉又以社会利益为目的——已经同时包含来自实践和源于理性的因素。它们一方面依据那些原始的因果观念像鬼魂和神祇、自然和上天、生存和死去、死亡和睡眠的作用，并根据这些观念各自的特点推想其联系；另一方面也依据与这些观念相联系的价值判断。真实的和错误的东西掺和在其中，但无论如何，它们追求的总是一种理论和实践上的统一和协调。

这些都是人类自我意识的结果：在不断变换的感觉、想象、思维、欲
21 望中，所有这些过程之间关系的统一都可以追溯到“自我”，一切精神事件在它之中结集和凝聚，就像聚集在一个焦点上一样，并互相联系成为一个整体，而所有的单独事件又都从属于这个整体。正如把实践中的所有行为规则联系起来，从而使我们不致陷入不一致的尴尬感觉，是我们一种毋庸争辩的实际需要一样，统一的自我意识不可抗拒地渴望一种理论上的统一，即试图把所有观察和体验到的事件追溯到一些确凿无疑的最高观念，并把这些事件作为部分嵌入整体中。只有找到这样一个支点，我们的思想和良知才能平静下来。这个支点同时具有理论的和实践的性质，它给予了我们一种关于世界和它的本质以及我们的生存意义的观念。由于这种统一的自我意识，每个人都渴望找到一种统一的世界观，而这种世界观连同与之相伴的价值判断包含着一种生活理想。

这种努力在历史的早期仅仅表现为宇宙起源的观念。这些观念与对鬼神

的信仰密切联系着，也就是说以宗教信仰的形式使人类的生存和大自然获得一种前后一致的解释，并把我们行为的所有规则理解为神灵们的戒律。之后众多的神灵趋于统一，最终出现了对一个最高的全知全能的本质的信仰——它被想象为世界的原因以及一切善和理想的化身。即使是那些实用的外部行为规则，也被理解为神的戒律或是从这些戒律划分出来的。这些早期的宗教的和教堂的秩序，同时是社会、政治和经济组织的最重要的工具。以往在比较小的社群里只能有一种单一的、渗透和控制着一切生活领域的宗教。

宗教的训导解释和掌控着一切，它是在理论上合理地解释人的存在以及在实践上驾驭所有事件的第一个尝试。它并不包含后来意义上的知识和认知，但它给予人类一种统摄一切的领会、一种信仰。这种信仰满足了天真的沉思，驯服了人的性情，教导我们去寻找“善”，为我们的行为定下清晰明白的规范。它一开始依赖于蒙昧不清的世界图像，但渐渐地，它就越来越建立在对人类灵魂以及它的力量和本能的清楚认识之上。因为这种内在经验也是人类知识中最古老、最确定无疑的一部分。④

五　道德规范体系

在数百年数千年的时间里，各个民族是这样走过来的：带来进步的是那 22
些创建了高级宗教体系的民族，它们凭这些宗教体系建立了更优越的社会秩序和更合理地调节了人类本能生活。而在良好的秩序下，人类对自然和自身的认识才得以不断积累、不断拓展。这种认识的意图是，囊括个别现象，通过寻求“原因”概括性地解释它们的存在。然而，人类对自然界和人类生活的认识过程是自始有别的。自然对人而言是一“他物”，人只能一点一点地观察、探究它，逐渐揭开它的奥秘。精神生活、人、家庭和国家，却跟我们的理智是同质的；理智就像从内部共同经历、理解这些事件，它本来就占有着这个整体，或多或少已经统观全局，而现在它只是为了认识的需要才去分析个别现象。因此狄尔泰是对的，他强调了一个众所周知的历史事实：比起在自然科学方面，我们在心理、伦理和政治领域确实更早地达到了某种认识的高峰。至少我们看到，相对于对自然的认识，古希腊人在这些领域的教诲跟今天的理论更为接近。

各种经验知识取得的第一次巨大进步，都发生在承传下来的宗教体系开始摇摇欲坠的时期。生存条件的改变动摇了旧有的、被奉若神明的行为和共同生活规则。伴随对旧有的宇宙起源学说的怀疑，人们产生了一种需要，即希望获得一种新的、更深刻的解释世界的方式以及为行为规范寻找新的依据。人们不想再把习俗、法律、道德的准则单纯地作为神的戒律理解和诠释，而是试图以目的和原因来论证它。其后出现了哲学—物理学性质的世界观系统和道德体系，而后者正是科学地解释“社会人”的第一次真正的尝试。但一开始，依仗形而上学的世界观系统和道德体系——一般来说两者是统一的——还远远没有能够去除一切古老宗教体系的印记，因为那时它们所拥有的单薄贫乏的知识还不足以达到这个目的，实践的目标更不能容忍这种
23 要求。直到近代为止，古希腊的伦理学和之后的大部分伦理学体系更多的是想讲授道德律令和宣扬一套理想，而不是为发生的事情寻找合理的原因。如果说这些体系确实纳入了越来越多心理、社会和其他方面的经验事实材料，那原因首先在于，它们要为责任和义务找一个出发点，要为“应然”找一种解释。为此它们必须找到一套能够平衡知识和信仰的处理方法。它们通过直觉和综合，凭借想象力为自己构造一幅图像，这幅图像描绘了世界和世界政府、在其中统治着的原则和理念、世界的发展、所有人类的命运与这个世界的关联，以及人的生存目标及其未来。这些伦理学体系为了这个目的使用了经验知识，倘若还不足够，它们就会求助于目的论的处理方法。也就是说，它们试图从整体的图像出发，把个别现象理解为服务于整体目的的部分，并通过这种方式，借助判断力的反思，把材料纳入一般性视角的秩序之内，就像康德（Kant）在《判断力批判》中为我们深入剖析的那样。从那时起，所有重要的哲学家都承认，目的论可以并必须作为一种合法的沉思原则、一种阐释学的辅助手段来使用，它有必要并且有权利对经验科学起象征性的补充和帮助作用。这是一种发掘整体隐含的意义及阐明它的目标的尝试。把世界视为一个统一体；承认自然和历史的发展序列的现实存在；认为世界在不断地进步和完善；还有发展的观念——这些思想主要地只能通过目的论的方法获得。

当我们仍未认识一系列现象的内在的因果联系，却想要整体地理解它们时，那目的论的考察就是最重要的方式。它与“系统化考察”[1]的相似之处在

1 在科学领域，所谓的“系统化”一般指依照一定程序确认一系列事实命题的因果联系，使之成为一个知识系统。如经典物理学从事物的特性（如质量、温度）和运动状态等事实出发，发现一系列定律（如动量守恒、能量守恒等），从而构成一个相互联系的知识体系。

（转下页）

于，两者都希望对一系列的现象或真理进行整理和领会，使之成为一个统一整体。然而进行整合的主导思想并不必然是目的性的，对事实的“系统化”安置还包括了其他思想，它们使整体的各个个别部分能以序列的形式，如其内在归属关系所是地被阐明。

伦理性考察极大程度上需要目的论，之所以如此，是因为所有伦理价值判断都起源于感受和观念，而这些又跟人类生活的共同内容和共同目标息息相关。

理性考察和伦理学体系都有着自身的发展历程，它们不断被精致化和提纯。但它们的原理——至少其中的大部分——并不是真理，因此不会被所有人以同样的方式接受。在现实中，各式各样、各持己见的世界观总是共存 24
着的，正如人们有不同的禀性一般；就像乐观的和悲观的看法，总是对同样的事情得出截然不同的结论。唯实论和唯心论、古典时期的和基督教的思维

（接上页）

经典物理学研究的基本程序可以概括为“观察—假设—实验验证”。当今的经济学也沿着这条思路，以“个体效用”为出发点，试图寻找产出、价格、工资、利率、失业、增长等“经济事实”的内在关系，构造一门“经济科学”。不过，由于对人的行为或者社会事件而言，进行可控实验的手段非常受限，因此现代经济学常常以一些同样依赖于假设的“经验研究”代替实验，以验证经济理论，特别是计量经济学。施穆勒认为，除“系统化”方法之外，“历史—伦理方法”也是社会科学研究的重要工具。它主要有两种方式，都涉及伦理知识：第一，对制度的伦理分析。他认为任何社会经济制度不但以一定的自然—技术因素为基础，而且也包含着特定的精神因素，尤其是伦理价值。这些价值以法律、道德、习俗等形式出现，并产生经济后果及影响制度演变。因此，研究制度时必须理解其精神内涵，而且，这些精神因素往往由特定的历史文化条件决定。第二，对经济学思想的目的论分析。人类要理解这个世界，经验知识往往不足够，只有借助对世界未来（目标）的设想，人才能构造一幅世界的图像，整体地理解世界。历史上任何宗教体系、道德体系莫不如是。因为只有通过目标，“应然”才能获得解释。在这种意义上，居高临下的客观是不可能的。施穆勒强调，每一种经济思想体系、政策主张，以至于任何一种社会科学理论，也都包含这样一幅图像，或者说以一种特定的世界观为出发点。虽然关于目的和“应然”的思想不是精确的科学知识或者最终真理，而是跟人的感情、直觉和想象力密切相关，但是，它们远非仅仅是主观的，因为它们本身就是人类实践的产物，来源于千百年的生活经验。一方面，人类理解世界或者构建理论常常需要这些观念的帮助；另一方面，这更是实践的需要，因为它们能够指导我们建设自己的世界。因此，对目的论的理解、运用是社会科学研究必不可少的内容。另可参见Yuichi Shionoya (Ed.): *The German Historical School - The Historical and Ethical Approach to Economics*, London: Routledge, 2001, pp.13-17。——译注

方式、贵族的和民主的原则等互相对立的大原则，一定会带来这样那样的世界图像和各异的观点，并由此造就不同的生活理想。那些关于神祇和死后生活、关于进步或倒退的各种可能的观念，在历史进程中必然会把人们引向对一切义务和行为的不同评价。如此，这些可能的、整体地理解世界的不同方式，创造了一系列互相斗争的哲学和伦理体系。它们互相分离地共同存在着直至今日，这种情况在未来也会持续下去。只是它们在一定程度上互相靠近，就像那些较高级的宗教体系所做的那样。人类的心理知识以及对自然和历史的认识的进步，清除了一些极端的思想，并且使伦理学越来越成为一门关于生存的经验科学，而这时候，它的一些单独的部分也得以分离出来，成为关于国家、法制、国民经济的特殊科学门类[1]。

但是就其基本特征而言，那些伦理体系确实保留了某些共同之处，就像宗教体系一样。它们都基于一种信仰，也就是对某些最终原则的确信。这种“确信”在特定的现实和心理条件下，在相同或相近的、具有相似的需要的人群之中产生，就像认识经验世界的需要。这是一种对“终极之物”的确信，即使是唯物论者也像一神论者和基督徒一样屈从于它。恰恰因为这里涉及“终极之物”，涉及最高原则，所以这种确信赋予我们一种实证的经验知识所不能给予的意志的张力。这是一种能够指导行动的明确性，它促使一个个人为了他的原则奉献出一切，在某些情况下甚至是他的生命。这一明确性是单个个人或者整个群体通过新出现的鼓舞人心的、实践性的宗教和道德信仰体系获得的，它虽然是主观的，却有能力改变世界。它一方面能动摇和瓦解（旧体系），另一方面又能建设和创造（新体系）。那些处于中心位置的原则在它们刚出现和发挥强大影响的时候，还未有跟其他具有同样权利的原则和现存的秩序划清界限或产生冲突。就这样，这些原则发挥了划时代的和
25 革命性的影响，然后被极端地夸大，此外它们还成为一个新时代和更高的社会形式的先决条件。

1 在亚当·斯密的时代，经济学还是“道德科学”的一个分支，请参见商务印书馆1997年版《道德情操论》的序言。——译注

下面还需要再补充两点，它们具有方法论的意义：

那些在伦理体系中被人们称为最高原则的东西，它的最终理想是一些观念，这些观念为善的意志和“应然”规定了行动的方向。若干这样的理念往往同时共存着，互相之间处于优先或从属、并列或限定的关系中。但某种理念很容易被优先赋予统治地位，人们希望把它的结论推广到所有领域。我所说的这类理念就是个人自由的理念和社会秩序的理念，公正的理念和不断完善个人、社会的理念，平等的理念和为集体的忘我献身精神。它们是一些抽象的基准，如果在现实生活里片面、孤立地以它们中的任一个来筹划一切，那就必定引起滥用或夸大。一切自由都要以秩序为前提，一切平等都离不开为整体利益和进步所必需的差异。谁想把自由、公正、平等等奉为孤立的最高原则，就像今天在国民经济研究中常常发生的那样，并且认为能够通过不动感情的、严密的逻辑由此演绎地推导出正确的行为，那他们就彻底地误解了这些伦理前提的真正本性。它们作为指路灯和基准点浮现于行动者的脑海中，它们的正确组合能为人们订立“好行为”的准则，使人充满力量和激情地正确行动；它们成为人们一种习以为常的本性，给予个体的灵魂以尊严和个性；但它们不是经验真理，我们不能用三段论方式以它们由基础做进一步推论。

一方面，我们必须对这种常见的、与伦理体系紧密相连的滥用做出警告；另一方面，我们也得强调，这些体系总是凭借一种综合，凭借一种把我们的认知和信仰的诸要素统一地结合在一起的观念产生，因此并非每一种把单个认识片断结为一体的方式都是成问题的。毫无疑问，一种试图整体地解释世界和它的历史的综合，总是值得加以讨论的。但是一种综合，如果它从丰富的经验知识出发，把完善的专门知识和艺术家的直觉结合起来，借此整体地把握一个民族、一个时代及人的生存，那就我们的目的而言，它就接近于真实的认识。就像对所有精神科学一样，对于国民经济学，这种综合方法是合理而且不可或缺的。

六　关于国家、法律、国民经济的知识系统或一般理论

随着社会生活变得越来越复杂，劳动分工创造了专门的职业，在这些职业的圈子里，专门的知识被收集和系统地总结，或者被专业人士逐步加以完善。这时，一些特殊的关于国家、法制和国民经济的科学产生了。这些科学从一开始就占有着一些现实的材料，即一系列的个别观察、判断和事实。起初，尤其当这些科学还掌握在哲学家、伦理学家和宣称能造福民族的人手中时，除了事实内容，它们同时，甚至首要地探索一种统一、系统的形式以及一些最高的终极原则。而单独的行为规则正是从这些原则推导出来。即使在这些学科从伦理学分离出来之后，它们仍然是道德体系的一部分，仍然建立在某种世界观之上。各式各样的国家、法制以及国民经济学理论就是这样产生的。而它们有时候同时出现并互相竞争；有时候则在时代的转变中，随着它们的影响增强或消减，互相交替地登上历史的舞台。它们跟所有信仰和伦理体系一样并不占有完全的真理，它们的最高原则也并非毋庸置疑的知识。它们只能在总体上接近真理，只是试图把我们的认识碎片拼成一体，使我们有能力以前后一致的方式提出理想和调节实践生活。 26

因此，自诡辩家的时代以及中世纪国王和教皇间的长期争执以来，各种针锋相对的国家理论便主宰了政治和法律生活。它们中的一些以个体间的契约解释国家的存在，另一些又把这归结为神的秩序和客观力量的影响。这样，在出现了真正意义上的国民经济学文献之后，产生了保守的、自由的、教权主义的或社会主义的国家理论。而这些理论恰恰与国家观念、伦理学和

哲学中不同的基本原则相呼应。它们首先为经济道德、为社会政策和经济政
27 策树立各式各样的理想。而这些理论在历史中的出现，它们周期性的影响，以及它们在某一时期的主导地位，成为促进社会发展进步的重要原因。当它们一方面越服务于重大合理的时代潮流和时代需要，另一方面越纳入由经验支撑的对国民经济现象的认识时，就越能发挥其积极作用。

中世纪的经济学理论具有同一的根源：基督教和基督教道德，以及关于合理价格和暴利的学说。16至18世纪的国家经济理论，也就是大家所说的“重商主义”，主要从一种世界观中产生，其基础是晚期古罗马帝国的精神世界和罗马法。马基雅维里（Machiavell）、博第努斯（Bodinus）、霍布斯（Hobbes）、普芬多夫（Pufendorf）和克里斯蒂安・沃尔夫（Christian Wolff）的专制主义思想正是这个精神世界的核心[5]：那时候，现代国家的建立被看作最高的目标。就像单个的封建领地、市镇、县、属地服从于某个领主、法律或管理机构一样，当时众个别经济体要通过商品流通、劳动分工和货币循环互相联结，发展成一个统一的市场。一个良好的铸币业和一个充满活力的货币循环（体系）因此而成为最重要的辅助手段。出口工业、殖民地、对外贸易、矿业创造了货币盈余和充足的流通货币。在国境内的货币不应当让它再流出境外。整个国家的经济应该借助关税保护间接地加以影响和控制，并把它整合起来。人们把外国视为敌手，与之争夺销路、殖民地和贸易上的统治地位。人民是迟钝懒惰的“大众”，需要由政治家操纵，并必须驱使他们走向发展。在这些语句里面，同时包含着很多正确的和一些错误的观察、判断。但总的来说，我们在其中看到合理的实践—历史性的时代大潮流。就这样，在一种片面的世界观和国家理论基础上，贸易被赋予了符合当时时代潮流的理想。

国民经济的自然论就像重农主义者和斯密所论证的那样，其出发点是一些自然科学的和自然法的观念。它把国民经济看作一个自然形成、和谐有序的系统，而这个系统则由一些单独的、遵循着自利原则行动着的个体组成。根据某种有神论的乐观主义，通过这个游戏，我们只可能获得最好的结果。

这是一种为个人主义和自由主义理想布道的理论，它认为国家几乎是多余 28
的，每一个政治家都是恶棍，并把清除所有“中世纪式机构”作为目标写在自己的旗帜上。这种理论同样曾服务于重大的、寻求变革的实际需要，正如过去的重商主义和现在的社会主义一般。

上述理论建立在对财富和外部幸福的物质主义高估、对彼岸世界的否定，以及对人类最内在本性的错误认识之上。但它也呼应了时代的重大实践需要，符合民主化、平等化、技术进步、国家权力集中的进程。与之相对，社会主义世界观则与启蒙运动有着某些共同之处，如政治上的激进主义、对共和制的颂扬，以及根据一些纯逻辑的范畴整治社会的企图；它的另一些因素又跟19世纪的哲学相通，像它的历史哲学就是来源于黑格尔和费尔巴哈。它的整个国民经济学则借用了李嘉图片面的抽象方法。社会主义的理想是消除一切财产和收入的不平等，废除一个阶级对另一个阶级的统治，也许还包括一切阶级对立。它所致力的目标——扶助劳工阶层，提升他们的地位——是合情合理的。它在这条道路上也确实取得了重大的成就。它之所以要反对鼓吹自由竞争的、片面的自然论方法，其实是一种正常的逆反现象；它服务于第三等级的利益，就像其他一些理论代表中产阶级利益一样。但是在总体上，它并不比其他理论少些片面性。它尽管鼓励了许多研究活动，然而在其核心，它至少跟之前的曼彻斯特自由主义者一样，缺少一种更深刻的认识。我们显然可以说，它在方法论上夸大了那些曼彻斯特主义者的唯理主义错误。

即使是那些不那么走极端的国民经济学理论和体系，以及现今的社会政策，在一定程度上必然是根据一种特定的世界观或一幅特殊的关于世界、历史发展的图景设计的，只要它们成功地构筑了一个完整的理论统一体，并由此出发，试图提出未来的理想蓝图。只有那些从国家、私法和经济组织的庞大机构制度中构想出一幅关于整体的明确发展图景的人，才有能力说未来将会或者应该朝什么方向发展。而在某种意义上，这幅图景依然是主观的，它总是被建构性的、源于想象的观念所补充，并常常依赖于目的论的思考。尽管少数的理论家在此会表现出一种居高临下的姿态，尽管他们想要获得摆脱一切阶级和政党利益的知识，但其实他们的国民经济理论毫无例外地代表着
29 某种利益，因为这些学说总是倡导某个实际的政策，总是对人的行为提出某些实践性的理想，因为它们的出发点始终是某种信仰或特殊的世界观。出于这种原因，即使这些学说之中确实塞进了大量真实的科学知识，它们也无法使所有人一律地信服。这无论是对A. 瓦格纳的国家社会主义理想、布兰塔诺（Brentano）的工会理想、社会政策学会的温和改革计划，还是激进的英国费边主义，都同样适用。

受到这种局限的并不仅仅是对未来的理想和经济学理论，所有关于重大历史现象、国家建立和覆灭、社会变革、经济和其他文化方面的进步或倒退的判断也一样。尽管这些判断还想尽可能地以对个别现象最精确的认识为依据，但在这个基础上，它们始终是从目的论的前提以及世界、历史的图像出发，以演绎方法提炼出来的；而这些作为它们的起点的图像，又是因应人们各异的世界观、个性而以不同的方式被创造的。因此，所有这些判断仅仅是一些近似值或者暂时性的尝试，在其中并不包含着真理的标准，而这些标准正是一切成熟的科学为了使每次检验都得到相同的结果所必须遵循的。

严格的科学追求一个伟大的目标：力图获得颠扑不破的真理。它在某些领域——这里各种现象交织相对比较简单——达到了这个目标。它在开始的时候越把自己限于对个别现象的研究，就越能做到这点。然而它越是这样做，也越有必要放弃提出理想、放弃讲授“应然”，因为要讲授这些，只能从互相联系的整体出发。如果因此严格科学在我们的领域内也开始要求一种听天由命的态度，那人们也许应该首先想想现存的事物是从何而来的。这样，作为严格科学就不会放弃这种希望：为以后寻找一种更优越的人类生活秩序，以及为更高形式的义务履行和“应然”铺平道路。 它只是出于一种合理分工的考虑，才暂时地把自己局限在单纯的认知之内，尤其因为我们注意到，在国家和社会科学的领域，一种想要通过某些研究来支持一些主观的、关于“应然”的看法的希望，总是不断地使科学操作程序的客观性受到

损害。因此人们可以在原则上承认：一切认识的最终目的是实践；愿望总是
先于理解力而存在，并作为它的主人统治着它；每一个认识的进步本身都是 30
一项人的意志的成就。人们也承认，为了某种课堂上的教学目的，特别是讲授实用国民经济学和财政科学时，对现状的解释会自然而然地联系到将来可能出现的发展，以及指出某种发展的形式更为优越。尽管如此，为了促进纯粹的科学进步，我们可以采取的正确做法是，以严格的方法为基础，首先尽可能把科学研究局限于：1. 正确地观察现象；2. 对现象进行定义和分类；3. 通过寻找现象的原因解释它们。⑥

我们将在下面的章节简短地依次讨论这三种思想上的操作程序，但这并不意味着它们可以被完全割裂，或者总是可以按我们所说的顺序一步步、毫不相干地进行。这几个程序总是你中有我，我中有你。第一个步骤“观察”就已经要以正确的命名和分类为前提，而每个高质量的观察又会指出因果联系。但是，科学的程序必然以粗略的观察开始，以完整的因果解释结束。

七　一般意义上的观察与描述⑦

观察国民经济现象意味着确定相关经济行为的动机、后果、过程和作用。我们可以直接通过观照自身的精神世界，来了解自己行为的动机，再据此推己及人；我们通过感官的印象来感知在世界上发生的一切，并把这些作为“客观事件”来理解、认知。我们所有的经验都来自这两个感知的源泉。但在我们学会正确地观察自身和这个世界之前，经验的发展经历了数千年的时间。今天，我们仍然必须抱着怀疑态度对待每一个观察，想想它是否确切，是否由于主观的错误、不完整的观看、仓促和冲动的操作、不熟练、偏见以及利益，而向我们展示了错误的图像。只有当我们反复观察同样的对象，当不同的观察总是获得同样的结果，以及当结论中的所有主观作用被排除的时候，我们才能相信自己进行了正确、科学、可供应用的观察。

无论是哪一种观察，都是为了探究而从大量现象构成的混沌中隔离出一个事件过程。这些观察总是依赖于抽象，它们分析的是事物的部分内容。这个部分内容的范围越窄，对它的描述越与外部条件相隔离，分析工作就越容易。观察应该是详尽、完整和准确的，它应该澄清研究对象的一切可感知的关系，包含明确的范围、时间和空间限定；它想要确定该对象与类似的和相反的现象之间的相似性、相近性或者差异。基本自然过程的相对简单性，在很大程度上便利了自然科学领域内的观察工作，这使得自然科学的研究者有能力任意改变环境和共同作用的条件，也就是说，能够进行实验，并且借此较轻易地从不同角度把握研究对象。但对国民经济现象来说，这不仅常常是困难或不可能的，而且这些现象即使是最简单的形式，总是比自然科学现象复杂得多：它们依赖于各种各样的原因，并受一系列共同作用的条件影响。[⑧]假设我们要考察谷物价格和工资的上涨、汇率变化、一次商业危机或者劳动分工的进步，几乎所有这些过程都由某些群体的感情、动机、行动构成，然后是大范围的自然事实（例如收成）或技术因素（例如机器的引进），此外它们还受到习俗和制度的影响，而这些因素又各有其千差万别的原因。这样，我们往往，或者说在大部分情况下，必须同时观察大量在时间和空间内分散然而又互相关联的事实。更甚者，当我们要观察国民经济生活里那些典型的形式如家庭经济、企业、股份公司、工会、市场和交易所时，那么自我反省和正确观察的难度就大得难以估量。可以肯定的是，自从一种较高级的拥有学校教育、出版业、阅读材料的精神文明出现以来，数量众多的商人和公职人员通过长期的实际生活经验和实践获得了某种能力。这使他们能够在大体上正确地观察国民经济现象。此外，科学和教学对科学性观察进行了有计划的训练，清除了可能出现的假象和其他错误根源，使一些实践家和许多理论家获得了这种能力。因此批判性的、审慎的观察在今天要比以往任何时候普及得多。这种训练教导我们，当不能亲自进行观察而只能依赖其他人的报道、观察的时候，如何以清醒的目光把适用的材料从不适用的中间筛选出
32 来；它还教导我们，如何在大量观察材料中——这些材料由出版物、收集在一起的描述以及其他学科提供——做出正确的选择。

然而对国民经济事实的观察始终是一项困难的工作，当待观察的个别现象越庞大、枝节越多和越复杂时，观察就越容易为错误所歪曲。那种就其本身而言很合理的研究规范，即把每个有待考察的过程分解为最小的部分，分别对这些部分进行观察，然后用收集到的观察结果构建一个总的结论，只有在特殊的有利条件下才能完全地被实现。一般情况下，研究意味着先确定关于某个过程的可靠的资料，然后利用这些资料推断性地补充其余没有或者尚未充分观察到的现象，并由此勾勒一幅关于这个过程的总体图像。想象力的创造性活动产生了某些总体的印象，研究工作总是在这些印象的影响下进

行。然而，如果没有足够的天赋和训练把精神引向正轨，这种想象力的活动也可能犯错。当我们要进一步运用观察的结果时，绝不能忘记的是，各种经验材料——这些经验或者从生活中谛听而来，或者从别人的手中接受——在心理上会带来多么不同的效果。前一种经验总是带着色彩、生命和直观的全部明晰性，它总是显得更强大也更富影响力；然而由于它的范围比较狭窄，因此一般而言又被学者们认为具有较大的局限性。另外一种经验从书本、新闻或别人的讲述中收集得来，当接受者越缺乏创造性的想象力时，它就越容易流为苍白的图画和模式，或者干脆成为缺少血肉的纯粹的名称和概念。只有计划周详的、有意识地进行的不懈努力，才能把有生命的和苍白的材料加工成具有同等价值的部件，而最终把它们综合成一个反映现实的总的结论。

细心的读者在阅读国民经济学著作时马上就能认识到：这些作品是否，并且在多大程度上以好的或坏的观察为依据；它们主要是运用了一些作者自身观察的结果，还是使用了其他人的成果；以及它们建筑在对世界和人类的了解上，还是书本知识之上。亚当·斯密曾经细致而出色地观察了经济生活，然而在其他领域他却只是个学究，不过他仍然知道如何应用二手材料获得重要的结论。李嘉图没有受过正规的科学教育，但他却有丰富的实际经商经验。当具有丰富的实践经验的政治家或商人同时又接受了完整的科学训练，他们就能获得同样的卓越成就——虽然往往只在描述细节方面，因为他 33
们最恰当地把两类观察材料联系在了一起。在此我能想到阿贝（Abbé）、加里亚尼（Galiani）、J. G. 霍夫曼（Hoffmann）、屠能（Thünen）和G. 吕梅林。而那些本来是学者，既懂行而又获得了充分的实践经验的人，也有相似的优势，例如F. B. W. 赫尔曼（W. Hermann）、G. 汉森（G. Hanssen）和希尔德布兰德（Hildebrand）。卡尔·马克思（Karl Marx）则属于那类既没有自己进行独立观察，又缺乏对世界和人类的认识，只会臆测的书斋学者，他最喜爱的工作是玩弄数学游戏。这些游戏在他那里与极抽象的概念和普适性的历史哲学蓝图结合在一起。尽管他也写过《英国蓝皮书》里面的那些论文，但是就今天的标准而言，他的这些特点使他离可信的经验研究的要求，也许比任何一个重要的国民经济学思想家都要远。

描述是记录观察结果的方式，它使其他人也能够运用这些成果。它描绘一个对象，而这个对象是被从发生的事件中筛选出来的，它与外部的次要关系被剔除。通过科学的定义，描述给予该对象固定的名称，把它归入性质、类型相近的现象中，并确定它们之间的相同之处、相似点、共生性、后果、联系。一般而言，描述所表达的内容已经比观察本身要多得多，因为它把来自观察的与其他公认真理的结论编织在一起。它把一些单独的观察结合成一个总括性的表述。而当它无法走这么远的时候，它就把先前的观察结果和最新的放在一起，把昨日的行情记录与今天的相对照，留待人们进一步解释。一切好的观察都离不开比较，就像大部分的国民经济学专业手册至少会把英国、法国、德国的事实一并引证一样。对若干观察进行总结和比较，或者说尝试就某个比较大的国民经济生活领域形成一些总的观点，是把分散在混沌中的一些个别部分统一起来的主要手段。归纳性的推论方法也有相同的目标，正如所有描述的主要目标是为归纳做准备一样；但就像密尔反复强调的那样，这还不是归纳，而且它也服务于演绎推论及其验证。

如果我们要描绘一个国家的经济、整个工业的发展、一个国家的银行和金融业或产业工人的状况，这就牵涉到一些相当复杂的对象。为了使描述
34 准确详尽、规模恰当并包含充分的因果关系，首要的是具备概括、简化成千上万的个别数据的能力，而这又涉及另外一种能力：对那些分析性的、在各个具体场合查明的材料做出完整的综合。只有出色的专家才能做出完满的描述，他既是具备简明笔触和生动表现力的卓越艺术家，又确确实实知道如何做忠于事实的描绘。

一个学科的研究对象越简单，描述在该学科中所扮演的角色分量就越轻。由于在这种情况下现象都是典型的，总是均匀地反复出现，因此分别描述具有同样形式的不同样本是不必要的。对于基本的国民经济过程也能作如是观，例如价格的波动，因为此时一个例子就满足解释的需要了。所有更复杂的现象则具有它们各自特殊的性质，如对某个家庭手工业的描述并不意味

着对另一个家庭的描述是多余的。因此在较为复杂的知识领域，描述或者说叙述性部分始终占据着独特的、无法取代的位置。观察和收集事实的各种方式、辅助手段以及描述本身，就像微缩复制稿本和统计数据，也成了特殊的科学。

自国家科学众学科发展成型以来，我们能够在其领域内——主要是国民经济学——观察到朝着这个方向的两次飞跃。首先，官房学和重商主义通过对荷兰、英国和其他国家的描述，着手进行了最初艰难的，然而也常常是相当表面化的事实收集。然后，产生了多如牛毛的百科全书和资料汇编。然而材料的积累却不足以推动这种旧思潮继续发展，于是它以无思想的博物学告终。与之相对，国民经济学的自然论是一种解放，它代表了以理性驾驭无生命的材料的一次先行的尝试。在几个世代的时间里，观察和描述退到了次要的位置。因为过分简单地看待事物，那时候的人们相信自己在人类的一般本性里找到了秘密，相信它比起沉闷、费时的经验知识，能让人更直接和更轻松地到达真知的圣地。对这种片面认识的回击发生在我们的时代。在英国，人们不再单纯地相信“供应”和“需求”这样的老生常谈，而是在对事物的每一个论断前，先通过无止境的调查竭力弄清事实；法国人在勒普莱（Le Play）身上发现了一个新的经验的信徒；尽管德国的国民经济科学曾经抛弃了来自官房学时代生气勃勃的对现实的触觉，但在近一两个世代以来，主要 35
是它以巨大的活力高高标举着现实主义的旗帜。在这方面其他国家最睿智的头脑也乐于追随，例如我们能够想起赫尔伯特·斯宾塞（Herbert Spencer）和H. S. 梅恩爵士（Sir H. S. Maines）的著作。而在德国的国民经济学家之中，尽管有些人主要支持演绎的方法，但他们也部分地参与了描述事实的工作并取得丰硕的成果，例如A. 瓦格纳。当今国民经济学的描述性思潮与前一个世纪的区别在于，人们今天不再随意收集对事实的记录，而是要求按照严格的科学方法进行完善的观察与描述。

尽管主要是德国科学界在这个方向占有领先地位，但它却从来没有吹嘘仅仅是观察和描述就构成了科学，或者宣称这两者的意义超出了为达到一般性真理而做的准备工作的范围。它仅仅合理地强调，缺乏这种经验基础，没有这方面严格的培训和习惯，就不存在有效的归纳和演绎。它首先相信，这方面的训练课程是可能和有益的，至少这使受培训的新手获得一些实际的技能；反之，如果让他们去空想那些科学的"最终问题"，往往相当徒劳无益。近30年来占优势的描述工作来源于德国科学以及国家科学各个专业方向的领导者，他们也认识到，这些描述工作必须与认识论和科学理论认可的根本路径相一致。我们可以引拉萨尔（Lasalle）的话为证："没有思想的材料依然具有某种价值，缺乏材料的思想却是妄想。"或者是洛茨（Lotz）的名言："认识事实并非一切，但已是非同凡响。人们低估事实因为他们渴求更多，然而这只适于那些赫西俄德式的蠢货，他们不懂得，知足地占有一部分，往往比好高骛远而一无所获要强。"

为了观察和描述国民经济现象的方方面面，自然必须考虑不同的研究方法。这些方法部分地从其他学科借用而来，部分地可以说是在国家科学的领域中独立发展而来。受篇幅所限，这里无法一一探讨这些方法。然而我们至少得特别谈谈，统计学和历史学作为国民经济学的辅助科学，如何在最近发展完善起来。

八　统计方法与调查

如果我们要问，什么情况下观察最可能摆脱主观的错觉，达到一般有效的真理，那就是它能用数字和计量单位衡量特定现象的时候。为了实际管理的需要，千百年来人们计算着土地、人口、家畜、建筑物。对于意大利文艺复兴时期的专制君主——对17和18世纪较开明的统治者更是如此——这种计算越来越为财政、军事或其他目的所必需。一门成长起来的科学将这些材料收为己用。当配第（Petty）和达韦南特（Davenant）汇编和比较统计数据时，说这是政治上的算术。G. 阿亨瓦尔（G. Achenwall）和他的继任者开始以数字补充他们对国家的描述并称之为“统计学”。彼得·居思米尔希（Peter Süßmilch）根据教区记录中的数据创立了人口理论。因为这种形式的有计划的计算对私人来说非常困难，而一般的国家行政机关只能通过它日常的管理活动附带地进行这种数据工作，所以直到1800年之后人们才建立了国立的统计机构；稍后还出现了独立的地方统计机构。它们的任务是计算、衡量社会事实，以及收集、加工与之相关的材料。今天统计数据主要掌握在这些机构手中，然而，这并不排除私人和其他行政机构也能进行统计调查，更不是说它们不能加工处理统计材料。 36

我们在这里仅仅把统计学看作一种系统性地进行大量观察的方法。它筛选出一组组个体或者一组组经济事实和事件，在总体上并根据某些特征对它们进行计数，然后以此描述这些对象组的特征，进而确定组内对象的一致性和差异、变化和更迭，最后借助我们对这些现象的其他知识达到对它们更深入的认识。这种方法只在下面情况下才适用：当我们能够建立固定的现象组（根据国家、省份、社区，根据职业、阶层、性别、年龄，根据特定的行为、犯罪及就学情况、访问教堂次数、纳税数额，等等），能够提出一个触及该组的所有成员的问题，而且这个问题足够清楚明确，并能保证它能得到正确的回答时。但是统计机构带来的不断上升的成本阻碍了规模过于庞大的统计
37 调查，而不完整的提问、不令人满意或错误的回答又使很大一部分材料变得毫无价值。渐渐地，计数和调查的艺术才得以完善起来，现在的人口调查、对进出口货物的重量和价值的计算以及一部分统计数据达到了很大程度的精确性，同时其他一些统计材料却依然非常不完善。

尽管如此，对于国家、社会和国民经济领域的一切认识的进步，统计学方法的意义依然非同寻常。无论如何，它的形成、完善是近150年来社会科学领域最大的进步之一。在很多方面统计学补偿了该领域内实验的缺位。很大程度上，首先是它在这个知识领域内创造了准确和精密的思想方法。它用以数量表述的有力思想取代了杂乱模糊的看法。它第一次使我们能够可靠地观察普遍现象（Massenerscheinung）——以前我们却只能对这些普遍现象做出含糊的评估——并利用少数几个特征绝对可信地确定其总的特性。统计学还使用表格、图形和其他比较的手段确定发展过程中的种种变化，把我们引向对原因的认识，它又允许我们测定某一主要或次要原因的作用。通过把统计结果以表格形式按时间和空间划分，通过把庞大的普遍现象在一定程度上表达为时间和空间的函数，我们了解到发生作用的各种原因的层次关系。统计学创造了人口学理论，又赋予了民族学和金融学稳固的基础。它清除了货币和价格理论中粗陋的错误，揭示了不同领域中大量仓促的、概括的不确切性。它成为描述性国民经济学的主要工具。它今天在工资统计、职业统计、财政统计等方面的进步显示出它具有多么大的潜力，在今后继续改进科学的许多重要领域，甚至彻底地改造了整个科学。

同时毋庸置疑的是，统计学的有效性确实有其限度。它的几乎所有材料都来自近代的一个短暂的时段以及少数几个文明国家。它从来不会孤立地，

而总是在与其他特殊学科的联系中提供真理：只有熟练掌握本学科知识的国民经济学家、人类学家、刑法学家、医生才能正确运用这种衡量工具处理其研究对象。它仅仅能给出数量的关系，而对象的品质特性却处于它的界限之 38
外，也就是说它无法触及那些最重要的道德和精神事件，只要这些事件不能被可计算的案例所表述，如自杀的比率和惩罚的数量。从那些可计算的事物我们常常无法经验到真正有意义的东西，因为我们所提的问题对那些答案来说太过复杂，而数字上的答案对我们的问题来说又错得离谱；真正的问题太难用简单的计算来解决。我们会计算有多少头奶牛，但不会去算它们有多重或者它们产出多少奶；我们会去了解到底有多少企业以及它们雇佣多少工人，却无法以有效的方式调查它们的机器数量、资本和年产值。[1]勒克西斯（Lexis）表示，当我们已经认识到一些简单而典型地重复发生的过程的原因时，那统计研究就是多余的，或者最多能作为一种校正的方法。而当涉及一些历史上的个性化普遍现象的时候，它就退居为一种辅助科学，因为这些现象不会重复且更具独特性。如果说在这两者之间仍为统计学留下一片广阔而重要的领域，那么在它真正可以实行的地方，它也从来没有揭示出那些复杂的原因和原因复合体；它仅仅允许专家们通过数据的比较来猜测各种内在相互联系。

与统计学类似的是所谓的“调查”，就是说由那些议会的委员会或者政府机构和研究性团体新近一再进行的一次性研究和描述，它主要涉及服务于立法准备工作的国民经济对象。有关的研究人员，无论是官方投入的还是自愿走在一块的，会首先制订一份工作计划，确定应该调查什么东西，然后通过书面或口头形式访问尽可能多的内行人员，最后把得到的统计材料充实进去。口头的访问尤其能带来非常合用而且符合事实的结果，因为它如证词一样受到法律上的强制；对不同的受访者采取诘问的方式，其提问亦获得委员会每一成员的授权。除了由委员会发表的一份总结性报告以外，人们常常会

1　大概是就当时的统计技术而言。——译注

把全部的访问记录一并公布。这里就没有必要对此进行深入的讨论，我们只想说，调查作为一种重要的手段和一种特殊的操作方式，能有计划而真实地查明庞大的事实材料。如果某些专家把自己的研究称作“调查”，那他们仅仅是表明，他们在发出问卷和进行访问的时候采用了类似于调查委员会那样的广泛方式。

九 历史与历史的方法

统计学是一门年轻的科学，历史学则非常古老。统计学是一门非常专门 39
的辅助科学，历史学却是除哲学以外最无所不包的学科。这两者跟国民经济学的关系确实很相似：对国民经济学来说，它们都首先是辅助科学，为前者提供经过确认、检验、整理的，从观察而来的材料。可是，这些还不能涵盖历史学发展对国民经济学的全部作用。

历史学到底想要干什么？西贝尔（Sybel）说，它希望在发展中理解人类的生活，这种生活由各民族的重要人物通过联合或者分裂构建起来。最近，伯海姆把它定义为人类发展的科学，而这一发展过程证实了人的社会性。我却宁愿这样来描述它：历史学致力于搜集、检验人类和各个民族在政治及其他文化方面的发展的全部遗产，并使之成为一个互相联系的、被充分理解的整体。它的工作着眼于两个目标：对流传下来的材料进行批判和整理，以及使用这些材料进行叙述和表现。第一个目标是它最特别的专有的领域。尤其在近一百年来，它紧跟着语言学，发展出一套严格的方法，使它的成果的可靠程度达到了认识的最高标准的要求，并能与其他一切知识成果比肩。因此，历史学以自然科学为范例，并根据自己的习惯把这些称为“精确”的知识。它在此发展了属于自己的一套独特的技巧，并获得了最大的胜利。但它最高的价值和最大的作用存在于叙述和表现的领域，以及从叙述和表现得到的价值判断、结论、一般真理。当历史学要把纯粹反思的历史改造成有实用价值和教育意义的知识，然后又使之成为发生学的历史时——这种发生学试图解释事件的内在的、因果的联系，解释自然和人种、流传下来的观念和新的知识、伟大人物和制度的作用——它就必须直接或间接地运用一切人类的知识，包括哲学和其他所有专门学科。于是很自然地，这个最终和最高的目标永远无法完全达到。历史学必须常常使自己满足于令世界历史的
40 最终谜团变得可以被理解、被思维，以及目的论地阐明其含义，而不是企图以科学的精确赋予它们无遗漏的因果解释。由此可见，由于从方法论角度来看这些历史学的结论彼此间非常不同，所以当我们因为其他科学的需要而对之进一步使用时，它们也会具有大不相同的价值。

在同一母体中，由于越来越细的分工孕育出语言史、文学史、教会史、艺术史、风俗史、法律史、经济史等专门学科，人们通常把它们跟一般历史或政治历史相区别，统称为文化历史。随着它们逐步发展成型，它们从历史科学的单纯部分变成了一些独立的中间环节，沟通着历史学与相关的语言、文学等方面的特殊科学。它们以自己独特的方式把历史学的任务和方法跟语言学、法律科学、政治经济学等学科的结合起来，并在不同领域催生了丰硕成果。

在近一百年来，首先从德国开始，一般历史科学以及从它独立出来的子科学的发展获得了最强的推动力。今天，全世界的人们把尼布尔（Niebuhr）和兰克（Ranke）尊为现代历史学的建立者，又在法律史方面把萨维尼（Savigny）、艾希霍恩（Eichhorn）、韦兹（Theodor Waitz），在经济史方面把伯克赫（Böckh）、阿诺德（Arnold）、毛勒（Maurer）、尼奇（Nitzsch）视为先驱。同时，F. 李斯特、罗雪尔、希尔德布兰德、克尼斯等国民经济学家首先说明了历史学获得的巨大重要性对国民经济学的作用。而在其他文明国家，这种影响的出现要缓慢得多，因为更高级的历史学在那里的形成比较迟缓，部分地也因为各门历史科学在那里处于某种停滞状态中。这主要是对英国而言，在从霍布斯、洛克（Locke）到休谟（Hume）、亚当·斯密的伟大经济学时代之后，在自1780年起的几个世代里，经济学在那里陷入了无创造性的模仿之中（参见约德尔［Jodl］的《伦理学史》第二册，第397

页之后）。外国人之所以学习它那些后来出现的、部分是平庸的国民经济学书籍，不是因为经济学在那里欣欣向荣，而是因为英国在经济实践方面比其他国家更领先。在法国，正是奥古斯特·孔德（Auguste Comte）坚定地要求，所有社会科学研究都必须建基于历史之上，但人们长久以来却对此置若罔闻。

如果我们要问，一般历史学和它的专门部分，主要是经济史、法律史、道德史，能为国家和国民经济的科学提供什么东西？那么对此的原则性回答上面已经提到过，而且很简单：一种以往不曾存在过的、能使研究者在认 41
识真实方面从乞丐变成富翁的经验材料。这种历史经验材料，就像那些好的观察和描述一样，被用作说明、验证理论命题，证明这些命题所表达的真理的有效范围；更重要的是，它还可以用于归纳新的真理。尤其在国民经济学中比较复杂的领域，必须在历史研究的基础上才可能取得进展。例如，要弄清机器的使用对工资的作用，或贵金属生产对币值的影响，纯粹抽象的论证是毫无价值的。而对于国民经济制度、理论的发展，以及一般经济进步的问题，就更是如此。因此克尼斯（Karl Gustav Adolf Knies）[1]是对的，他说，叩问历史处于国民经济学最核心的任务的中心位置。历史主义国民经济学的最激烈的反对者K. 门格尔承认，经济中最重要的现象，如财产、货币、信贷等，其表现形态都同时包含一种特殊形式和一个发展过程，因此“如果谁仅仅从这些现象某个阶段的存在来认识它们的本质，那他根本就没有正确认识它们”。如果说这种看法适用于货币和信贷，那它就更适用于家庭经济、劳动分工、社会阶级的建立、企业经营方式、市场系统、其他贸易机构、行会组织、职业自由和农业生活的形式，简而言之，适用于所有那些典型的形式和局部的秩序；这些形式、秩序被称为国民经济的制度，它们表现为特定的习俗和法律形式，或者持续地，或者在数百年时间里，以同样的方式统治着经济生活的过程。

1　克尼斯（1821—1898），德国统计学家、经济学家，历史学派经济学家代表人物，社会统计学派的先驱。——译注

当然，假使历史学真的只描述具体、个别的事件，假使所有普遍性的结论都在它的视野范围之外，那它的作用大概就非常有限。但是历史学一方面竭力地在发展过程中解释具体的个人、命运、民族；另一方面又努力追溯社会事件的心理的、制度的，以至于一切一般性原因，而对这些原因进行理论性概括同时也是国家科学的课题。那么多的历史材料完全不涉及国家和国民经济，那么多的暂时性的历史学成果，尤其是它的价值判断、它做出解释的尝试，更多地属于哲学推想而不是精确的、经确证的知识。因此，这些成果不适合或者必须非常小心地在其他科学中进一步使用——不过以下事实没有
42 改变：历史材料中的一大部分是经济性、社会性的，它们被历史学以编年的方式描述性地展示，又被国家科学理论性、概括地阐明。如果说流传下来的知识是不完整的，它仅仅是实际发生过的事情的一个微小的部分，那么千百年来最重要的事情却确实被记录下来了。这门关于过往事件的学问不断地成长着，直至今天。历史告知我们的东西，当然比今天的研究者能亲身经历、观察到的要多百万倍。而研究者在观察中间接地接受的、来自当代的东西，也是一种知识的传承，它同样可能有漏洞，它的可信度同样需要验证。无疑，今天我们拥有许多观察的辅助手段，这些在过去并不具备；同样没有疑问的是，我们想要运用并且充分地利用这些手段，而当我们能有把握地假定事件的发展过程无论在过去还是现在会完全一样地发生时，也许还会满足于仅仅使用它们，例如对某些基本的市场过程就可以如此假定。但是，在此之前必须先问一问：过去的动机、行为、结果是否真的跟今天完全一样？能够帮助我们澄清这个问题的只有历史材料、流传下来的语言和文献痕迹，以及我们继承的习俗和经济制度。无论如何，那些最重要的国民经济过程经历了数十年、数百年，它们起源于遥远的过去，而且只能被历史地揭示。

没有任何有理智的人曾经否认，历史性的观察材料只是国民经济学所运用的材料的一部分；除此以外，地理、民俗、统计、心理、技术的材料同样在其考察范围之内。而当K. 门格尔最近声称，有“某些人”宣告“在人类的经济领域内，国民经济的历史是理论研究的唯一合法的经验基础”时，他

无法对此提出一点儿证据。历史学派经济学家恰恰一直坚决地要求，重视心理学的和统计学的经验知识。

当不久前A. 瓦格纳断然宣告统计方法比历史方法优越，并赞美前者便于观察数量巨大的事实，操作方法系统有条理，而且提供了对因果关系更深的洞察时，他很明显也承认了统计学在把握数据方面的更大适用性。然而要全面地描述复杂的普遍现象，历史学却确实更为有效。如领会社会生活的典型形式，以及更深入地理解精微的因果关系，尤其是心理的、习俗的和一 43
般性的因果关系时，也是如此。瓦格纳赞美统计学的优越性，他表示无论就统计知识本身，还是就它与其他形式推论以及其他学科的关系而言，这些优越性都是特有的。如果说人们可以类似地看待历史学，那么必须不能忘记以下两点：第一，它的精神内涵和无所不包的个性，恰恰使它更加能够获得一般性成果及揭示原因；第二，如果说一般历史学首先要批判性地检验流传下来的材料，并把这些结合成一种叙述，那语言史、法律史、经济史必然更进一步，它们试图进行归类整理和建立序列，并承担证实规律性及原因的工作。

我们在这里已经越出了范围：探讨历史学对我们的学科最重要、最切近的作用，进一步的讨论其实应该留给下面的章节。然而，因为我们之后不会再专门回到历史学和它的方法上，所以还得在此补充几句一般性的评价，我们将把这些评价跟历史学的对照物———种“纯粹”的方法和科学联系在一起。

狭义上的历史方法包含史料学和一系列批判性的操作方法，它借此检验、确认、整理流传下来的材料。这种方法对经济史也是必不可少的，它可以并有必要直接用于国民经济学的特定领域。但在总体上，它仅仅是组织历史事实材料的准备性辅助科学。如果说经济史讲述一些关于国民经济学的东西，那它的描述跟一般历史学的一样，不是国民经济学理论，而是构造这样一种理论的物料。无疑，个别的描述越完善，越能解释事物的发展，经济史里面的特殊描述的结论也就越能成为理论的要素，越能把我们引向一般性真理。所谓的旧历史主义国民经济学，常常太匆忙地试图对一般历史学的结论进行理论推广。今天我们认识到，只有艰难的专门经济史研究才能提供一个正确的基础，使我们能够从国民经济和社会政策的角度理解历史，使国民经济理论能够充分地被经验论证。而正是因为这点，一个国民经济科学的新时代更多的是发源于出现丰富的经济史著作的时代，而不是罗雪尔和希尔德布兰德希望通过对国民经济学的历史性处理获得一般性结论的愿望。对此，英国的图克（Tooke）、纽马奇（Newmarch）、罗杰斯（Rogers）、阿什利（Ashley），法国的德平（Depping）、布尔克洛（Bourquelot）、勒瓦瑟尔（Levasseur）、皮若诺（Pigeonneau），比利时的
44 拉弗莱（Laveleye）做出了贡献，正如德国的布兰塔诺、比歇尔（Bücher）、戈泰恩（Gothein）、赫尔德（Held）、伊那玛（Inama）、克纳普（Knapp）、拉姆普雷希特（Lamprecht）、勒克西斯、迈兹恩（Meitzen）、米亚科夫斯基（Miakowski）、沙恩兹（Schanz）、舍恩伯格（Schönberg）、施穆勒、施纳佩-阿恩（Schnapper-Arndt）、图恩（Thun）等人一样。

除了经济史研究的这种作用以外，随着历史学越来越渗透到精神科学的各个领域，还发生了一种由不断增长的历史学问施加的更为一般的作用。它首先摧毁了启蒙运动的自然法理论，该理论的出发点是一个自利的交换社会；它揭示了人类并非总是平均一律的，他们不会永远在同样的典型经济形式和社会制度内行动；它创造了一种民族、人类、国民经济制度的历史发展的观念；它使国民经济学研究再次合理地与道德习俗、法律、国家，以及文化发展的一般原因本身联系起来；它教导我们，除了从个体和他的自私需要出发的推论以外，对集合现象的研究同样重要；它也教导我们，除了分析以外还要学会正确地综合；它教导我们，如何重新把分析结果作为一个部分放在互相联系的整体中进行处理，这使孤立的抽象结论在很大程度上获得了合理的补充，这样，以往空洞的抽象分析和无生命的图式重新获得了血液和生命。历史研究的发展如此改变了国民经济理论的面貌，就像它常常在经济政策领域产生实用的推论一样。但它首先传达了一种实践的、现实主义的思

想，如果没有这种思想，社会、政治领域的所有推论将很容易走入歧途。这种关于现实和可能性的思想跟下面两种观点都保持着距离：认定人类无法改变自身，因而否定那些敢于冒风险的进步；或者接受那些愚蠢的未来计划，期望某种社会主义制度能够突然创造出一些绝对品格高尚的、不计较个人利益的人。

比较的方法本身并不是历史研究特有的。正如所有较深入的观察都会把我们引向相同、类似的现象的对照，都试图确定现象的同一性、差别、近似之处；正如所有实验也都依赖比较的方法，所有心理学、国民经济学的研究都以比较为基础。然而历史观察材料的积累却提供了十分难得的机会，让我们能比较不同时期、不同民族的道德习俗、法律制度和经济制度，以及比较这些不同时期和文化中近似的社会、经济现象的进程，并由此做出推论。在 45
此基础上，建立了一些几乎是独立的学科：比较道德习俗史、比较法律史和比较经济史。这些学科具有不断增长的意义，尽管由于一些轻率的狂热者试图硬把一些不可比的和没被正确处理的对象凑在一起，使这种研究方法的名声一定程度上受到了损害。然而，就像在心理学、语言学、神话学和宗教领域中，比较方法在开始时尽管有缺陷，却能带来越来越多的成果，在法律和国民经济的领域也是一样。不断积累的对近似、相同现象的比较弥补了实验的缺位。我们认识到的某些因果关系逐渐增多，比较方法使我们认清其层次关系。它又发掘出同样一些原因的概率，并提供一种手段，让我们能够用统一的概率预言大尺度的社会、经济运动和变化。尽管在此个别偏颇的类比推论会不可避免地出现，但一方面当我们越慎重、批判性地进行操作，另一方面当越多的事实材料被巧妙地运用时，这种源于历史学的操作程序也将收获越来越大的科学成果。

十　分类方法：名称与概念

正确描述的一个主要手段，是对名称和概念的正确运用。因此，创造恰当的名称和概念，始终是每一门科学的重要任务。

就像每一门科学一样，国民经济学从高度文明民族的丰富语言宝库取得自身需要的名称和词语。但它必须首先了解在通常情况下这种名称构造的本质：它总是从直观的、具体的图像出发，赋予一组相同或类似的现象同样的名称；它借此把一个占统治地位的观念和一些与之相邻的附属观念概括在一起；名称本身从前者获得，当这个名称被重复的时候，使用者和听众将回忆起一切所涉的观念，包括构造这个词语的核心观念和在核心观念周围的附属观念。这里举一个前面已经使用过的例子："主人"（Wirt）最初指家长、地
主、店主，也就是说处于一个家庭顶端负责提供食物、衣物、住房的人，然 46
后这个词很容易就转向它的那些附属观念，并获得了附带的含义，于是原来占统治地位的观念被另一种观念取代。"经济"（Wirtschaft）过去表示家庭内自给自足的生产活动，接着它又纳入了附带的意义——交换和获取财产的活动。"经济地"行事的人，就是聪明地运用最少的金钱获取最大成果的人。然而新产生的思想和概念总是远远超过可供使用的词语，它们的含义也远比这些词语丰富。因此大量的集合概念和抽象词汇都具有变动的、多重的思想内容，如"劳动""商品""资本""价值"。如果科学要阐述它们的特征和后果，那就必须尽量赋予它们稳定、确切的一般含义。科学必须追求可靠的、一般有效的命名。这个任务由定义完成，正是它使词语、名称上升为概

念。定义是一种经过科学论证的判断，它所针对的是我们所使用的词语的含义。定义试图为本质上流动的、来源于日常观念的思想内容划定界限，并清理不科学的语言表述，去除其多义性和含混性。科学以这种方式达到一个伟大的目标：它为所有这种脑力劳动的参与者、为形形色色的思想内容创造了一种统一的秩序，把具有同样界限的现象归为一类。

为了完成它的任务，每一种定义活动都需要使用言辞，作为已被定义之物，这些言辞对定义活动来说是先决条件。当它要命名一种现象，而它又是一组确定的、具有特定特征的现象中的次级类型时，定义活动的工作就非常简单。例如人们把一种信贷类型称为“个人贷款”，它的债权人所信赖的是债务人的个人责任。当这样行不通时，人们就把一个观念分解成若干因素和特征，并试图把最重要的成分纳入定义，固定为概念。在任何情况下其先决条件是，已经有一套成熟的科学术语可以供人使用。而因为这个前提永远无法完全具备，所以每一个定义都是临时的，它总是取决于整个科学及其概念构造的水平。此外同样显而易见的是，所有的定义都包含一种边界划分，人们可以因应不同的科学目的做出不同的划定。边界划分首先要符合事物和对象的本性，然而事物的本性可能会要求我们，在一项研究中把土地计入资本，在另一项研究中却将它排除在外。由此可见，概念构造首先以科学的目
47 的为依据；因此，人们不应该经常去问这些概念是否绝对正确，而应该问它们就我们所追求的科学目的而言是否被最恰当地构造。

每一个概念的创造都包含对现象的归类。当我定义“国民经济”时，我就把一切国民经济现象归为一类，而其他所有非国民经济现象则被划成我不必再进一步考究的另类。如果我想把一系列互相关联的现象依据某个观察角度或某种系统进行安排，使各单个的现象类别构成一个系列的各环节，并把这些阐述为一个有条理的总体，那归类就变得更意味深长。在此我们寻求一种合理的安排、分配，使一组现象在我们的头脑中得到最大限度的条理化。这是一种技巧，它应该能让我们对知识的控制力得以加强。这是一项至关重要的科学活动，为了获得对一切个别现象的最确切的认识，为了获得对

整体及其所有原因和结果的概况，它必须被切实完成。但是因为这个前提不容易在一时间被满足，所以就算是归类性的概念构造也只能是假说性的、临时的，并且总有必要不断地改进。新的归类方式往往必须取代旧有方式的位置。如果说迄今为止人们把自然、劳动、资本称为所谓的“生产要素”，那是因为它们表达了一些具有同等重要性的原因类别。但这种归类方式也许有一天会站不住脚，可能因此被废除。如果人们要划分企业类型，那他们可以从各种角度建立不同的系列，正如比歇尔和我自己所做的尝试一样。人们可以把归类方式区分为“分析性的”（analytisch）和“起源性的”（genetisch）两种。A. 瓦格纳把全部国民经济现象划分成私人经济系统、集体经济系统、慈善系统，这是分析性的归类。希尔德布兰德把自然经济、货币经济、信贷经济区分开来，以及我自己把市镇经济、属地经济、国民经济作为一个历史序列提出[1]，这是起源性的归类。一般来说，归属一类的现象就其本性而言构成了一个序列的各部分，这些部分只能通过渐进的、不显著的差别被区分。这样，在各部分之间常常只存在细微的数量差异，而这种差异仅仅在某种强烈的程度下才会表现为质的不同。因此边界的划定往往是困难和独断的。当休厄尔（Whewell）说下面的话时，他基本上是对的：我们必须依据非常清晰的标准进行分类，首先从一些类型出发把一切各归其类，然而也得承认， 48
相邻两个类别之间的界限并非确凿无疑的——这跟密尔的想法相同。

所有当今的严格科学都以此为出发点：概念是我们的观念及其秩序的结果，它们并非现实，也不具有自身独特的本质——古人们曾经思考过这种“本质”，中世纪的唯实论者（与唯名论者相反）也假定它的存在，即使是今天，少数思想体系仍然相信定义的实体性（而非唯名论的定义）。这些体系基于这种观念，臆想着自己洞察了事物最内在的本质。这是一个谬误，它误以为只要凭精神的真确概念就能领会心理学，只要凭恰当的经济学核心

1　关于施穆勒对乡村经济、市镇经济、属地经济、国民经济的划分和论述，可参见施穆勒（旧译斯莫拉）：《重商制度及其历史意义》，郑学稼译，商务印书馆1936年版。该书的电子版可在中国国家图书馆网页的“民国图书”资源库中找到。——译注

概念就能把握国民经济学，而且人们可以从这些概念推演出其余一切。洛仑兹·冯·施泰恩和其他黑格尔的学生曾认为可以根据这种操作方法进行研究。表面上，凭借丰富、清晰的想象力力量进行思考的人，确实能够从这些基本的、核心的概念推导出很多东西。但事实上恰恰不是那些概念，而是他们敏锐的想象力在起作用。赫巴特（Herbart）说，那些最抽象、最高级的概念是最空洞的。我们应该更准确地说：那些最抽象的概念恰恰是最模糊、多义的。一门科学越复杂，就越不可能以普遍有效的方式赋予概念以僵化的定义。[⑨]

与此同时，我们也得肯定一下概念构造的重要意义。如果谁还记得耶林（Jhering）如何嘲笑概念法学，或者谁认真考虑过医学的巨大成果是否取决于研究者能否正确定义病症的概念，那他就能马上明白概念构造会有多么不同的价值，而这种不一致又必定各有因由。我相信，我们现在可以干脆这样断言：一门科学所处理的对象越简单，它的发展程度越高，它就会拥有越完善的概念，也越容易把其领域内的规律和最高真理吸收进它的概念、定义里，并由此推论出其余一切。然而当一门科学的研究对象越复杂时，它就离这种理想状态越远。当然，它总是需要概念和归类，它也能在现实中的个别现象领域获得某种一致性，并把它的真理与概念联系起来。但是当这门科学所运用的概念越普适、越抽象，人们就越难用它们表述现实的、被准确界定的后果和作用。如此，概念也就越被赋予这种意义：一般性地挑出某些现象
49 组及描述其特性，而不是把所有“本质真理”置入定义中。国民经济学正是处于这种状态。它探讨具体的概念，尝试通过归类构造概念，这始终是重要的、有益的。为了划定本学科的目标和领域，它对一般性概念的研究有时候也是重要的。这在语言上是必不可少的，例如当德国的人们要把英国、法国的术语跟本国术语对照阐述的时候。胡弗兰德（Hufeland）、洛茨和赫尔曼就曾经从事这种工作。当今的一个必要的任务是，对那些从自然科学引进的概念（例如“有机体”“生存竞争”“作为社会基本单位的家庭”，等等）进行检验，并去探问，我们是否和在多大程度上能够把它们运用于国家科学，

以及它们是否能恰当地丰富我们的概念仓库，抑或会损害它。可以肯定的是，我们必须对这些概念进行清晰的构造和界定。比歇尔把迄今的手工业活动区分为订造工作（Lohnwerk）和成品生产（Kaufwerk），就是对概念系统的丰富；一个敏锐的头脑——Fr. J. 诺伊曼——从国民经济的概念跟私法、行政法概念的差异出发来考察它们，这也是有价值的。但是对我们来说，概念的探讨将永远不能扮演在实用法学中那样的角色，因为那里涉及法律条文的日常运用，而这又建立在定义之上。在我们的领域，却涉及对现实现象的认识与对它们的因果性解释。在我看来，任何在定义真实时采取神秘主义，以及从空洞的概念定义推演出真理的企图，都是彻头彻尾的无耻，因为本来只有经验才能向我们提供这些真理。当人们把自己的博学多识浪费在定义一些词语和概念，而这些东西却无法用于进一步建造这门科学时，这一切就难免成为无益的概念游戏。有一种观点更是灾难性的谬误,它把国民经济学看作这样一门科学：它起的作用仅仅是逻辑地对概念进一步区分，或者从固有的公理做出纯粹的推论——就像西尼尔（Senior）、福赫（Faucher）、林德乌尔姆（Lindwurm）曾经宣称的那样，但某些当代理论家如萨克斯（Sax）也持有近似的观点。

即使没有在定义方面苦心孤诣，一个学者也可能在国民经济学领域取得巨大的成就，亚当·斯密就是最好的例证。然而很多人出于自己的偏好献身于定义和抽象的概念分析却了无所成，并非由于这种工作无关宏旨，而主要因为这些人缺乏关于世界的一般知识和清楚明白的思维——叔本华认为这些正是一切认识的关键——却随性地投入逻辑分析。人们之所以拥有强大的逻 50
辑洞察力却徒劳无功，是因为最优良的磨盘都无法用谷壳磨制出优质面粉。

十一 原 因

观察和描述、定义和分类都是预备性的工作。我们希望由此达到的，却是对国民经济现象内在相互联系的认识。我们想要了解，什么事情会同时发生，什么现象会相继地出现，我们希望在各个方面找出共性，获得对现象的必然性的洞见。

这种洞见不可能是完全的。事物复杂的共同存在总可以追溯到更早的事件组合和之前无法探究的原因，即使是那些我们容易理解的个别现象；它们的后果也并非总能被解释。但毕竟，当我们越直接地以早前发生的事情解释当前的个别现象时，就越可能成功。而且无论如何，我们始终认为解释事物的原因是认知的最终目的。自然科学使我们习惯于把所有后继发生的事件理解为依赖于某种“原因”，而我们又把这些原因想象为一些力量。世界上的现象对我们来说成为一个不存在偶然的绝对的过程，它无处不显示着充足的原因。此时，当那些现象越复杂，就越可能涉及不止一个原因，而是涉及一些状态、条件的总和，它们的同时发生又带来了特定的结果。当一个原因缺位，相应的结果就不会出现。简单化的语言表述把短暂的事件、最末参与这个过程的因素和原因，以及早前发生并较长时间对此起作用的那些状态，都称为“条件”。如此一来，结果虽然是客观的，但它并不逻辑地包含在原因当中，它无法以某些原因来约简，而往往是某种完全新的东西。我们恰恰只有在经验中，才能弄清其中的内在相互联系。并非每个先前有规律地发生的事件，都是结果的原因。就像夜晚不是白昼的原因一样，这个或那个国家的保护性关税并不必然是它的富裕的原因。只有一个无条件地带来了某特定结果的早前状态，我们才称作原因。[10]

这样，国民经济现象的原因就有各自独立的两组：一方面是物理的、生
51 物的原因，另一方面是心理的原因。也许有些人愿意按自己想法，构思今天物质生活和心理生活的联系；也许有些人仍极力主张，我们所有的精神生活都是由神经系统决定的；而有些人或者不无道理地推断，我们的感觉是与生理过程相联系的。但即使真的如此，我们仍无法从神经的状况解释共存着的精神状况和它们的后果。因此直到现在，甚至很可能永远地，最终能被认知的物质状态及精神生活的开端这两者必须被作为不同的现象来看待。所以我们必须认识到，那些从纯粹的物质与生物因素直接、孤立地阐释人类行为的企图，完全是不充分或错误的。尽管程度不同，对另外一些企图也应作如是观，例如从气候推导出一种特定的生活方式、一项身体或精神的特征，以及以它解释某些特定的占统治地位的感觉、观念、行为方式。不过，当我们考察互相交叠的自然、精神原因的来龙去脉时，必须记住这点：我们面对着两个独立的因果系统，依据它们各自的特殊规律，对它们中的每一个都必须并且能够就其内在的相互联系进行独立的探讨。[11]

国民经济以一个由气候、土地、富饶或贫乏的资源、国土位置、河流、山脉，以及当地的动植物构成的自然原因系统为基石。一切动物和人类的生活都受一些有机地联系着的原因所限制，如果不考虑这些，就连人民生活中最简单的事件都会变得无法理解。几乎所有的经济活动都关涉到物质财富。一切资本积累，一切生活水平的提高，都表现在房屋、厂房和机器、牲口和工具、钞票和钱币上，简而言之表现在一些对象之上，这些对象服从于自然规律，在大多数情况下具有数量的限制，并能被计算和测量。它们通过自身的数量关系和技术上的物理学特性发挥着特定作用。当时的技术水平——它取决于那时候的智力发展水平——通过外部的成果以及针对自然进行的活动，统治着全部经济生活。在这种意义上，我们也许可以说，国民经济学必须更多地承认、运用纯粹自然科学和应用自然科学的成果。至少它必须同时

研究这些原因，也必须经常独立地探讨这些领域中的各种课题，以便估计经济发展的种种限制。例如它要确定在成本不会大幅上升以及利润占总收入的 52
份额不会大幅下降的前提下，能使土地的产出提高多少，或者特定的天然煤炭储量足够用多久。把国民经济看作一个由自然力量组成并受自然规律的因果关系支配的系统，这整个观念与上述的自然因素密切相连。这种观点既不能说是错误的，也不能说部分正确，因为它并不完全，它仅仅注意到发挥作用的力量中的一半。

经济文化的世界建筑于自然界之内，而它的产生主要归因于人类的精神力量。这些力量首先表现为感觉和欲望、观念和目的，进而表现为行为、意志的倾向。心理学和伦理学致力于研究、阐述这些力量的整体，而最近，人们经常把国民经济学也称为一门心理的或者伦理的科学。J. St. 密尔曾经把它定义为一门科学，它与财富生产、分配过程中的道德和心理规律相关；在另一个地方，他又要求建立一种人类个性构成的学说，即以一个基于心理学的因果命题系统作为全部社会科学的基石。之后，到处都出现了类似的呼声。在德国，历史学派强调国民经济学的伦理性质；在法国，社会主义者们构建了一种自身独有的心理学；在英国，杰文斯（Jevons）接受了边沁（Bentham）关于交替产生作用的快乐与痛苦感觉的思想，试图借此给予政治经济学一个无疑比较狭窄的心理学基础。奥地利人则建立了主观的价值理论，在这种意义上他们是杰文斯的追随者。但这些奥地利人的学说还称不上国民经济学的一个充分的心理学基础：我们可以想想他们提出的那些原理，例如不是把需求本身，而是把特定时间的需求满足摆到首要位置；或者，人们能以同样的物品满足不同秩序下的需要，例如谷物既能养活人也能养活鹦鹉；我们也可以想想整个边际效用理论。另外他们也没有做到把集体精神、正义感或者利他主义（根据孔德的说法）放在与自利同等重要的位置上。[12]

我们首先必须进行一系列的“心理—国民经济的”社会研究，然后再尝试在心理学和伦理学的基础上重新构造经济动机的学说。这类尝试并非没有：舍夫勒曾经试图实际应用赫巴特的心理学；布兰塔诺研究过当今及过去

53 的工人的心理状况；Fr. J. 诺伊曼卓有成果地分析了分配、报酬的公平性在价格构成中的作用，以及大宗买卖中自利的实现方式。此外，我还想提一提我对国民经济中的公平问题的研究，这项研究旨在从心理、社会的角度澄清及论证对公平的感受如何凝聚为固定的准则，而这些准则又如何获得习俗性的统治地位——正是它们对国民经济制度施加了越来越大的影响，并最终根据自己的诉求重塑了这些制度。而我最近对商业性公司机构的研究，一方面以对某些组织形式的探讨为目的，另一方面也试图阐明这些现象的心理学根据。只有借助更多这样的专门研究，我们将来才有可能重新科学地论证国民经济的整个心理学基础。

不过，除此以外还有一个更一般性的问题：我们必须一并考察逐利的欲望和其他的欲望，尤其要探究高层和低层欲望的本质；我们必须确定纯粹的欲望生活在心理因果关系系统内的位置，并指出全部的欲望是如何被理智和高级情感的力量驯服的；我们也要确定欲望与美德，尤其是与经济上的美德的关系。只有当我们弄清道德的本质和它的准则，弄清道德习俗和法律时，这些问题才能得到回答。而为了这个目的，我们又有必要了解社会中的心理过程、共同感情的起源、特定圈子内的观念和行为倾向，以及语言、文字等心理—物理媒介的作用——各种集体精神力量正是通过这些媒介产生的。这种集体力量的状态，使我们能够理解社会的集合现象：社会和国家制度——它们产生于特定人种、民族、阶级、社区成员中的共同感情、欲望、看法和追求。如此，我们达到某种形式的阶段序列：首先是简单和个别的，然后是结合在一起的一些复杂心理—伦理原因，它们能解释一切社会事件，无论对国民经济生活，还是在法律、政治、教会和社会福利方面，它们都是决定性的。它们的大部分产物，例如家庭、社区、社团、同业协作组织等，既属于经济又属于其他领域。连国民经济、社会政治中最重要的事实——社会阶级
54 的形成——都属于这个范畴，因为它无法孤立地从经济角度，而必须在心理上，并与其他社会现象联系在一起才能被理解。这样我们就能理解，为什么对这些问题的心理学、伦理学探讨——当它越来越倚重经验观察——汇合在

今天一般被称为社会学或社会科学的学科中。因此，最近人们把国民经济学看作一般社会学的一个部分，其实没有别的意思，而只是想要把经济学建立在心理学、伦理学和法哲学研究的基础上。在实践中，这个要求也得到了多方面的认可。

正如A. 孔德和H. 斯宾塞仅仅把国民经济生活作为社会生活的一个部分来处理，最近大部分国民经济学家——我们可以想想A. 马歇尔——都把社会性的因素、思想纳入其阐述之中，或者像L. v. 施泰恩、舍夫勒和瓦格纳就尝试为经济学奠定一个法哲学和社会学基础。如果我曾经说过，将来政治经济学作为一系列学科的集合性概念，必须被改造成为一门社会的科学，那我的意思不过是，一切国家、社会科学都具有某些共同的基础和统一的原因，而这些基础和原因又是社会性和心理—伦理性的。说出上述或者类似的话的，恰恰是在课堂中和著作里始终支持进一步专门化的人，只有不正常的头脑才会以此为由头指责道："他们想要建立一门涵盖一切的国民经济科学、社会科学的普适性科学，想通过废除所有专门学科搞出一个大杂烩。"其实被责难的人根本没有这种打算，正像密尔在把国民经济学称为一门心理、伦理科学时，并不是想简单地将心理学和伦理学拼凑成一门科学。我的信条一贯是：根据素材、方法把科学区分为不同的专门领域；详尽地研究单个的课题；隔离出一些单个的对象，但处理问题时必须凭借一种全面的、历史—哲学的、社会学的学养，因为只有它才能把单独的对象作为整体的有机组成部分理解。在我们的领域更应该坚持这点，因为正如斯宾塞令人信服地证明的那样，全部的心理原因不可分割地丛生在一起，一切的社会现象——从社会性欲望到政治、经济制度——都存在于不可分的联系中，都有一些相同的原因；而相对而言，自然现象则较容易被隔离成可以分别加以考察的类别。

凭借之前的论述，我们可以对下面的争议表态了：所有国民经济研究必 55
须从单个个体还是集合现象出发？前一个论点是老派英国经济学的信条，它最近为约翰等学者所坚定地支持，他们争辩道，我们只能观察到"单个事件"。历史学派的缔造者则常常要求后者。但是如果一开始就认定"非此即彼”，那提问本身就错了。一切研究必须从原因还是产生的效果出发？对此几乎不存在一般性的规则。在我们的学科中，也几乎不能断言，要始终以个体还是集合现象作为出发点。我们肯定要从已知向未知进发，而我们首先能可靠地观察到的，常常是某些个体或人群的心理特性和行为，或者是价格现象、经济状况的变动、宪法的改变，又或者是其他社会集体现象。然后，我们再根据这些材料向前推想原因，往后探究进一步的结果。即使我们承认首先被观察到的总是单个事件，那仍然可以争论，人的个体是否真的是这样一个“事件”。个人也是一个由部分组成的整体，而一致行动的人类群体在战场上、市场中、生活和政治斗争里则作为“单个事件”现身。要寻根究底的话，所有单一事件都能分成更小的组成部分，每一个单一事件都是我们选择性的观察活动通过思维过程作为一个整体考察的东西。

为了避免误解，就上述关于大量原因如何有规律地共同发生作用的论断，我们还有必要补充如下说明：如果研究者能辨认、洞察所有参与作用的原因当然非常有利，然而在单个研究中却往往无法对此一一深入探讨。在许多国民经济的专门问题上，我们可以直接以某些自然原因的总和、特定的法律秩序和阶级划分，或者特定的心理学类型为前提，然后探讨具有这种心理类型的人在所有这些条件下，如何在不同的特定情景之下行动。例如，当我们谈及西欧和它今天的大商人时可以直接假定，一般而言，这些人作为一个阶级，他们在交易所中和市场上的行动会受逐利的欲望控制，正如人们
56 在具体的叙述中曾经定义、描绘的那样。但当然不能因此假定——像密尔认为的那样——所有人的一切行为仅仅源于他们对财富的渴求。我们也不能假定——像劳想要做的那样——人们与物质财富的关系是一成不变的。同样可以争论的是，是否能以如下的表述作为私人经济系统的一个合理假定（就像A.瓦格纳在1876年所表达的）：“在此，我们不可避免地必须把自利和对财富的追求看作一切人际交往中的一个绝对的量和动力，它是个恒量，完全不变地自我保持着，并总是发挥着同样的作用。”我相信，这样人们十分容易陷入错误的推论中。只有特定的人在特定的时间才平均而言具有特定的逐利

欲望，大商人的逐利欲望与小商贩、农民、手工业者或工人的并不相同。即使在同一阶级内这也存在很大差异。德意志交易所调查委员会所访问的大量银行家、商人、投机者，在某些基本特征方面显示出无可争辩的一致性，但在下面这点上他们却确实显示出强烈的层次差别：具有不同特性的群体，如比较有教养的、感觉敏锐的或者肆无忌惮的，对什么是自然、合理的逐利欲望，什么是不言而喻的商业行为的理由看法不一。逐利欲望的每一种形式、分层都应该以特定的感受、习俗和法律习惯来解释，我们也必须把这些作为阶级特征或者特定的种族和民族特征来认识、描述。所有从这种特征而来的推论能走多远，取决于区别同样的、几乎同样的或者近似的人群在多大程度上是可能的。不过，因为这些具有同样特征的人群一般而言是可证实的，所以这类推论通常有相当的合理性，但它们却忽略了在具体情况下其他动机的参与，以及被描述的心理学类型的其他稍微不同的变体。我们在研究比较大型、复杂的现象时，常常不得不忽略次要原因和共同发生影响的次要条件，以便集中精力于那些主要原因。

此处，我们必须回到经济事件的自然与心理原因的对峙上面，再多谈几句。前一种原因机械地起作用，后一种则根据心理动力的规律。无论是在前一种或后一种情况，我们都假定存在严格的因果关系，否则一门关于社会和国民经济的科学就变得难以想象。在这种假设下就仿佛不存在教育和进步一样：特定的效果能通过特定的心理因素获得。然而，一切心理事件是具有无穷复杂性的；那些大人物在历史中所起的作用对我们来说仍然神秘；对自由 57
的感受跟我们所有的行动不可分割；突发的意志行为的出现和影响依旧蒙昧不清。对于我们，上述种种经常既呈现为过去的产物，又是更高级发展的新的力量中心和起点。其不可避免的后果是，直到今天，在各个方面决定论者和自由意志的捍卫者仍程度各异地对立着。但是文章的篇幅不允许我们在此深入讨论这些争议性问题。因此我们只能说，没有关于充足原因的一般性规律就不存在科学，在精神生活的领域也不例外。但是心理过程的原因与机械过程的原因在本质上并不一致，它的最终原则迄今仅仅被极有限地阐明，以至于那些实用科学，像国民经济学必须继续坚定地走心理学和细节研究的道路，即从其本质、局限性、发挥的影响来比照研究“普通人”和“不寻常的人”，而把上述争议留给伦理学和心理学。

我们很清楚，根据对象的不同，在研究中两类原因中的一个——时而是物理学和生物学原因，时而是心理学原因——会更受到重视。密尔曾经这样表达这种对立：国民经济中的物品生产取决于自然原因，而产品的分配则取决于道德原因。这也许有点刻板和片面。可以肯定的是，生产也受刻苦、勤劳、进取心等伦理因素，以及知识的进步或类似的因素影响。因此我宁可说，文化的发展程度越高，心理—伦理原因就可能变得越重要。老国民经济学的不完善正与此相关，因为它忽视了这部分更大、更重要的原因。当冯特谈及社会伦理学对众社会科学和社会状况不断增长的影响时，他认为在法律、国家理论里这种伦理学已经被全面接受，而在国民经济学里这个根本转变还在逐渐酝酿当中，然而它的影响效果也将更为剧烈。很明显他也认定，科学和生活将来会更强烈地受到伦理因素的左右。这种思路的一种逆反形式是，人们可以像马克思那样从生产过程的经济—技术构造，推导出一切高级精神文明以及一切政治和宗教生活，例如试图以特定的经济状况解释基
58 督教信仰和宗教改革。人们大概并不否定不同生活领域之间的相互关系和相互作用，而是认为这种完善的因果性解释不太可能。令人惊讶的是，这种粗野的唯物论思潮——密尔在他的逻辑学里曾以有力的论据与之做斗争——在社会主义思想的圈子以外赢得如此广泛的支持。在方法上它几乎不比巴克尔（Buckle）和他的继承者高明多少——这些人相信，能够直接从食物、日照的情况和其他类似的因素推导出人的心理特征和社会状况。

如果人们根本不是把探问原因，而是把寻找一些公理、最终要素作为科学研究的出发点，那我们必须说这是另一条歧路。这种跟数学和几何学的类比诱惑着人们，使他们希望拥有少数几个简单的前提，并依据它们进行演绎推论。在英国，西尼尔、凯尔涅斯等人提出了这类最高的“基本命题”。前

者提出了著名的四个原理[1]，但是它们是从经验和意识推导出来的。而这些原理至少包含着关于因果关系、经济行为、人口增长、资本的作用以及农业经济生产的限制的普遍性判断。他们的德国继承者，主要是门格尔和萨克斯，表达得要含糊得多：门格尔宣称，他的最终简单要素一方面通过经验—现实的分析获得，另一方面它们又必然是先验的。他使用“先验公理”这个词，但是又不让我们完全弄明白这些“公理”是否就是所谓的最终要素。他所认定的“先验公理”，就是人的需要和充分满足这些需要的努力。萨克斯在一个地方把自利、互惠和利他主义说成公理，在另一个地方又说成是需求的感受、财物和劳动。这里涉及的是一些尽可能抽象的一般性概念，它们之间的因果联系不会告诉我们一丁点儿实际和具体的东西。所有这些概念不如说是一些“公理”，即对每个人自身不言而喻的真理。然而它们无疑不是因果性的判断，单凭它们不可能构造一门关于现实事物的科学。因此其他的德国科学家（像勒瑟［B. Leser］、诺伊曼和我本人）彻底地拒绝接受这类思想。即使是门格尔的崇拜者，像A.瓦格纳，也从来没有在这个关键性的基本命题上面跟他采取相同立场。

也许是H. 迪采尔（H. Dietzel）做出了最成功的尝试，把一个统一的原则、一种相同的力量作为唯一原因推到顶端。他从以物质财富为目标的经济 59
追求出发——这种追求与人们行动中的经济性原则直接相一致——许诺推导出一种与现实主义国民经济学相反的抽象社会经济理论，当然这种推导并没有真正完成。然而这只是意味着，我们在进行具体的价格研究时能够忽略某些次要的原因，以及能够不借助专门研究而把某种形式的社会阶级构成、法律秩序和交换社会作为既定之物设为前提；这样我们仅仅表达了某种方法论上的技巧是可行的，而只要它被正确、灵巧地使用，只要不会因为忽略本质的东西而把画漫画当作科学研究的基本方法，任何人都没理由反对它。又

1 西尼尔所列举的经济学四个基本原理分别是：1. 每个人都希望以尽可能少的牺牲取得更多的财富；2. 在文明社会，人的社会本能会限制人的生理本能，从而限制人口增长；3. 工业生产力不断提高；4. 农业报酬递减。——译注

或者这仅仅表达了一种观点：我们可以把“经济性”这个多义的概念——简而言之它就是理性的行为——确立为一切国民经济行为和事件的相同的、明确的原因；我们也可以从它推论出阶级状况、法律秩序以及一切生产、交换行为。如此说来，迪采尔进行了一次拯救传统抽象经济理论的失败尝试，他混淆了公理和原因，误判了经济行为的真实原因，并错误地使用了从数学和概念法学那里学来的类比推论方法。这些抽象理论从少数几个统一的逻辑前提演绎而来，但是像每一门关于现实事物的科学一样，国民经济学却想通过“原因”进行解释。尽管在有些地方，它会忽略那些次要原因而仅仅考虑主要原因，但它绝不容许对原因和逻辑根据有所混淆。

从过去的格罗森（Grossen）、劳特哈特（Launhardt）、瓦尔拉斯（Walras）、杰文斯，直到最近的R. 奥斯匹兹（Auspitz）和利本（Lieben），他们都在努力建立一门数学化的国民经济学。这类从公理和最终因素推导出价格规律的企图，在这种意义上是失败的：它总是希望通过图形描绘、代数公式、构成因果链条的系列推论来精确地表述供应和需求的数量关系，并想要从尽可能简单的前提获得数学形式的结论。我们不能否认，这种方式能无懈可击而精确地表达抽象理论的结果，它的推论过程也比一般的描述更为可靠，而且某些经济过程的直观性也能因此得到提高——至少对经过数学训练的头脑而
60 言。但这种方法却完全无法提供新的、有价值的结论和真理。它仅仅是一种图解已知事物的特别方式，如果它以为自己还能承担更伟大的任务，那就彻底误解了国民经济现象及其原因的本质。这些图表、公式所运用的一切元素都不能在现实中被确定和测量，而通过为心理原因和不可测量的市场关系引进一些虚构的数值，它们又创造了并不存在的精确性的假象。

十二　归纳方法与演绎方法

那现在我们如何能够认识具体的原因呢？在现象的发展过程中，当现象B有规律地在现象A之后出现，它们就会在我们的想象力中作为一个观念组合（Ideenassoziation）连接在一起；当我看到跟B相同或相近的现象时，就会想到A，于是我会去调查A是否存在。而当我确实观察到一连串同样的现象序列时，我就不得不产生一种像希格瓦尔特所说的“强大的、在一切领域起作用的概括的欲望”，即认定这种联系是一种常态。当我确信这些现象的发展过程是稳定、规律的时，我就会声称A是B的原因，只要我认为对B而言，现象A独立地构成一个无条件、必要的先行现象。自然，这种观念组合在此仅仅表达了一种内在的归属性和事实本身，就像赫夫丁（Höffding）所说的，A和B都是同一过程的环节，是一个全体的部分。依照赫夫丁的观点，因果原则可以归结为同一性原则。我们把始终和必要地在现象序列中相连的东西作为原因和作用处理。当我们的精神能够把单独的经验作为一种一般规则的个案看待时，它就会获得平静。精神必须不断地构造这种规则，而当这些规则越完善地倚赖于经验，当它们被进一步运用，并在其表述形式及有效性的范围内反复被证实时，它们就越真实。

我们把这称为归纳方法，它从个别现象及对其的观察出发，寻找能解释被观察现象的规律。这种规律把在我们所观察到的案例中为真的东西，宣告为对同一类现象都有效。一个现象越复杂，我们的观察越不完全——尤其对那些由复合现象构成的，依赖于一组性质各异的原因的研究对象——要找到

61 正确的规律就越困难，我们就越可能只获得一些假定、一些关于现象序列的临时性的猜想。然而我们也会运用它们进行进一步推论。

在进一步运用归纳而来的、关于因果关系的规则时，我们需要演绎方法。它跟归纳方法一样，以理智中同样的一些欲望、信念、需要为基础。在被正确观察的案例中为真的东西，必然在其他完全同样的案例中也为真。而发现规律，为的是进一步应用。每一个规律表达了一组主词或主体的一个谓项、一种行为或一种特性。通过分析主词和谓词，我们得知该规律到底包含什么内容，它适用于何处，它涵盖了那些案例，以及它能够解释什么。

显然，一切科学的目标就是获得这种规律，拥有越多规律的科学就越进步。思想的每一个哪怕是最小的前进步伐，都得由我们拥有的可靠的真理、规律检验，都与源自这些规律的结论相关。所有的观察、描述以及一切新的归纳都依赖于对被确证的知识的运用；对于新的、未经解释的观察，我们首先会试着运用头脑里面的一系列最高原理、规律、真理，看看它们能否解释该问题。在每一门科学中，巨大的进步都是这样取得的。对每一个由归纳得来的原理的最终考验是，它能否在不断的演绎运用中反复被证明为真。

由此可见，归纳方法和演绎方法的关系是何等密切。作为归纳方法的基础的推论程序，正如杰文斯、希格瓦尔特和冯特所指出的，其实就是把演绎中运用的三段论颠倒过来。多年来我常常对学生说，就像我们同时用左脚和右脚走路一样，在科学思维中归纳和演绎同样重要。我由始至终强调，当我们已经占有了一切真理时，我们就能够单纯地进行演绎性操作；我们拥有的一切可用于演绎推论的原理皆源自归纳的进步；以及那些最完善的科学在多数场合都采用演绎推论。最近有人再三宣称，今天那些站在密尔、凯尔涅斯、门格尔的对立面要求更多地使用归纳法的人，想要排除一切演绎方法。可见这种指责并不适用于我或者任何一个对逻辑方法持有明晰观点的人。那些在文献里被过分夸大的争论仅仅围绕着下面几个问题：演绎方法在国民经济学中具有多大的有效性？这门科学已经发展到何种高度？它已经占有多少
62 真实的因果判断？或者它可以从其他科学主要是心理学移植哪些方法？对于

那些认为政治经济学业已近乎完善的人，就像亚当·斯密的英国追随者，它自然是一门纯粹演绎的科学。巴克尔自鸣得意、目空一切地解释道："政治经济学在本质上跟几何学一样是一门演绎的科学。"不过令人惊讶的是，连那些认识到我们的学科低发展水平的人们，也会说出类似的话。他们想到的仅仅是比较简单的问题以及我们的学科中发展程度比较高的部分，也就是交换、价值和货币理论，因为在那里人们可以从一个或几个心理前提解释那些最主要的现象。要是谁去探讨一下比较复杂的现象，例如社会福利问题，他就会清楚地认识到，归纳方法在这些地方仍然多么必要。今天笼罩着科学界的所谓演绎法和归纳法支持者之间的争论，最好通过我们这门科学的历史来解释。在18世纪，人们很自然地首先尝试从少数有限的经验出发，凭借公认的心理学事实尽可能地进行演绎推理。每一门年轻的科学在一开始都会这样操作，只有渐渐地人们才会认识到这些假设前提的不充分。而只有当人们意识到仓促的一般性概括是错误或走样的时候，才会要求更广泛地运用归纳法；或者说人们会要求的是更广泛、更严格的观察和描述，因为它们对演绎和归纳同样必要。⑬

依据个人的气质和学养，依据所要处理的问题——这取决于其范围的宽窄与包括的研究对象——具体的研究者会采取这个或那个立场，会站在旧经济学或新经济学的一面，又或者试图调和两者。J. St. 密尔已经以一种独特、矛盾，因而也造成混乱的方式做过这种调和工作，因此对立的双方同样能够在他身上找到依据。密尔拥有敏锐的头脑，然而少有深刻和成熟的判断力，他又经常试图全方位地考虑一切可能性。那时他作为一个20到23岁的年轻人，完全沉迷于18世纪抽象、极端的思想世界和非历史的边沁学说。出于对世界和商业实务的无知，他提出了这个口号：国民经济学是一门纯粹演绎的科学，因为它无法进行实验，因为它最根本的原理能够从追逐财富的愿望中作为假定的真理被推导出来。几年之后他接触到A. 孔德的学说，这种学说 63
只允许使用一种历史、归纳的处理方式。此外，尽管他有所抵触，19世纪的思想——就像他自己对它的称呼——也对他产生越来越大的影响，并渐渐重新塑造了他一切的想法。于是在他的主要著作中，尤其是在《逻辑学》里，出现了一个奇妙的混合体：关于国民经济学和社会科学方法的完全针锋相对的命题被结合在了一起。杰文斯的评价并不算严厉，他说，在每一个要点上密尔都塞进了来自同一时期的三到六个不可调和的观点。但是密尔最初的观点今天依然最受人关注，主要是他的德国崇拜者对此仍紧抓不放。这些人相信，必须以演绎法抵抗归纳学派的侵袭。

出于对边沁功利哲学的反对，密尔争论道：仅仅从少数几种促使现象发生的力量出发来发展一门科学是欠妥的，我们必须力图在科学中考虑一切发生作用的因素。但在几页之后，他又教导说：涉及经济物品生产、分配的行为主要由人们对财富的渴望决定，因此，这门关于国民经济的特殊科学是在这个命题之上建立起来的。

当然，他还要同时补充道：在少数几个最重要的情况下，我们确实应该把一系列其他原因引入国民经济学的相应部位，即对工作的畏惧、对奢侈享受的渴望和人口变迁的原因；而出于实用的考虑，我们尤其应该在国民经济学中跟严格的科学要求保持距离。在其他地方，他又补充说，对英国人有效的东西，未必对法国人也一样。他在此提到各民族不同的国民性格，他解释说，当这种因素发挥作用时，一门单独的科学（像国民经济学）无法提供恰当的分析，因为这时一种一般的社会科学理论必须出场，它能把所有影响一个民族的事态纳入研究中；这主要适用于涉及政府形式的情况。但是，涉及经济宪法问题的时候，情况不是也相似吗？他常常重申一个论点：当在国民经济中涉及复杂的原因和作用时，不存在真正的归纳。他试图以粗糙的事例对之加以证明，即根据一般性的研究无法确定保护性关税系统是否能使一个国家富裕起来。然而他忽略了他的提问是错误的，因为它太空泛了。更专
64 门的研究，如塞林（Sering）关于德国钢铁关税、桑巴特关于意大利贸易政策的研究以及新近一些类似的论文显示出，那些正确地深入到细节的研究工作，相当令人信服地证明保护性关税起了增进财富的作用。当然，此外依然真实的是，对象越复杂，归纳就越困难，而且实验的缺位是个弱点。不过，

凯恩斯最近正确地指出，在经济生活中，部分地可以直接由管理机构和政府进行实验性工作，部分地可以通过间接比较相同外部条件下的不同事件来进行近似于实验的研究。此外，在密尔否定归纳的可能性的地方，他没有认识到，对尽可能多的事例进行尽可能详尽专门的观察，以及比较相同或近似的现象，能够成为一种实验的替代品，尽管为了达到目的这个过程要缓慢烦琐得多。而在另一个地方，密尔又重新认可这种可能性。他极力强调，他的演绎方法依赖于一种先行的归纳，其结果也必须由归纳验证。当他解释说在社会科学中大致的一般性概括已经够用了（例如“一国、一个阶级或某年龄段中的大部分人，都具有这种或那种特征”）时，那他本人也认为这些只能从“充分的归纳”中获得。当他研究从孔德那里继承的所谓的逆向演绎法或者历史方法时——这在本质上跟归纳法没有区别——他承认，人们必须观察、描述一个民族的总的状况，并由此推导出关于共存关系和发展次序的规则，然而，人们又必须尝试对之做出心理学上的最终解释。密尔的错误归纳法、错误类推法等学说是应该牢牢记住的训导，它们指出了我们在什么情况下不能使用归纳法。但它们却没有证明他在青年时代作品中那些夸张的箴言仍然合理，这些论断是在他的逻辑学中为宣告演绎方法对国民经济学的唯一合法性而留下的。

支持他对演绎法偏好的主要论据是下面这条原理：一切心理现象，它们对大众所起的作用，也可以从个体心理学中推导出来。然而它仅仅部分正确。众所周知，个体是所有心理学研究的出发点。但是，一些相同或不同的人的心理追求的共同及相互作用本身是一个独特的问题，它不是简单地通过加减某些力量就能解决的。吕梅林正确地说：“许多个体力量的总作用，并不像在力学里那样是一个总和或者乘积。”每个人都知道，在下面的情况下，
65
心理力量如何通过一致的意识大幅度地增强：在20个会议中，每次有50个明智的参加者，与支持者的数量相称，每个会议都做出了明智的决议；然而当这些人集中在一个会议里时，却极容易产生不明智的结果。多数人的意愿有时候增强，有时候却互相抵消。简而言之，只有当一种业已完成的国民经

济学上的个体和大众心理学提供了可能性，让我们可以主要依靠演绎法推论时，这条原理才是真实的。以目前心理学的发展状况来看，我们手头上的真理却远远不够。我们首先必须找到这种心理学，而且一定程度上要借助归纳的力量。

归根到底，密尔对这些问题的看法与一幅错误的图像相关联。这幅图像来自他的青年时代：当他的父亲跟麦考利（Macauley）为政治问题争论不休时，儿子为这些冲突感到压抑，因而想找一条出路。他找到了问题的关键：他极端教条的父亲要以几何学方法处理社会问题；而麦考利则从经验和历史事实出发，想用化学的方法解决问题，他宣称，两种原因的共同作用能产生出一些全新类型的社会结果，正如在化学中，两种元素的化合作用能形成一种新的物质，它的性质却与原来的元素完全不同。密尔认为，两者都是错误的，我们不应该依据几何学或化学方法处理这些问题，而应该采用物理学方法。他不但终生固守这幅关于社会科学中化学和物理学方法的错误图像，而且他还添上了一个冒失的论断：如果人们熟悉物理学研究的方法，那当他们对政治问题下判断时，将少犯错误。单纯的数学—自然科学性研究一般而言无法做出政治—国民经济判断，这对我来说至少是一个毋庸置疑的生活经验，它的原因很简单：因为两个领域考察的现象、使用的方法以及占主导地位的思维习惯有差异。

十三　规律性与定律

大自然大体上依照不可改变、稳定的进程运行，日夜、冬夏和月亮星星
的运动反复交替，饥饿和口渴、清醒和睡眠、青年和老年重复地发生，这些 66
现象无疑促进了回忆的能力在人类心灵中形成，把人们引向比较和区分，并最终促使人们去探讨产生这种规律性的原因。重复出现的自然现象具有稳定的、周期性的进程，这显然也成为一种诱因，使人类总是在同样的时间干同样的事，使人们有计划地把一天分割成小时，把一年分割成日子，并据此组织自己的生活。

一开始，国民经济学就与觉察到现象的重复发生关联。人们注意到同样的家庭经济、同样的物品交换、同样的货币安排、同样的劳动分工、同样的经济阶级、同样的企业家和工人间的协作。人们又发现了价格运动的重复，发现了良币和劣币、丰收和坏收成具有稳定的效果，以及出生、死亡和婚姻数字的规律性。一个缺少训练的头脑，当他越把相近的东西认定是相同的时，就越容易首先把注意力集中在这些比较粗糙的一致性、规律性之上，急于把它们记录下来，并把这些数量有限的、有规律地相伴随或相继的现象看作该科学的本质。这样，人们排列出社会组织和社会交往的少数几个典型形式，以及关于这些形式的变化、运动的若干规律，而这一切是从西欧，更主要由英法两国的社会经济状况中抽象出来的。它也就是旧国民经济学的研究对象。人们当时并没有打算深入解释这些形式，而是把它们假定为现成的、理所当然之物。人们妄想，这些东西作为人类本性的直接后果始终存在，并

对一切民族有效。人们那时候想对之做出因果解释的主要是价格构成，以及土地占用者、资本家（当时人们从这个词首先想到企业家阶级）、工人之间的收入分配。人们把从所谓的“一般的人性”推导出来的关于价格构成和收入分配的规律称为“定律”。于是大家讨论供应和需求的定律，讨论自由竞争下价格趋向成本的定律，讨论地租定律、神圣的工资定律，以及国民经济中“大量的自然定律”。很快地，人们又把统计学提供的数量上的规律性称
67 为统计定律，例如在每16个女孩出生的同时会有17个新生男孩，或者在每一百个出生的人当中有一定数量会有规律地在某个年纪死亡。通过观察今天不断增加的国家支出，A.瓦格纳抽象出“不断膨胀的国家职能的定律”；赫兹卡则乌托邦式地描绘一个人人能够获得无息贷款的社会主义未来，并称之为“社会福利发展的定律”。

我们很清楚这种比较宽松的语言表述方式的目的是什么。通过它，人们想要有力地强调某些事件及其后果出现、重复的必然性。除此以外，有时候它也被掺入了一种看法，例如在罗雪尔和克尼斯那里，它表示这是一些不同于人类意志的发展过程，即与狭义上和心理上的因果性，或者与自由意志相反的自然定律。有时候，有一种观点又显然占了上风：当存在一些可以用原因解释的规律性，其结果能够被可测量、计算的数值表示时，我们就必须把它专称为定律。无论如何，大部分大谈“大量的国民经济定律”的人，并不懂得比较严格的语言表述，以及它是如何在逻辑学中发展出来的。这些人为了在路旁捡到成打的“定律”而沾沾自喜，却没有考虑到，即使是最完善的科学，至今也仅仅发现了少数几条真正的定律，而每一个这样的发现都被人们作为罕有的、划时代的成就庆贺。

当然，在某种意义上这只是一种约定，即人们是否想要把被查明的性质、特征，把重复发生的特定规律性和形式称为定律，以及人们是否如此称呼每一个猜想出来或被证实的因果关系，抑或仅仅是其中一部分——因为这些关系中构成因果的力量能被定量测定。然而，无论是为了一种严谨的语言表述的需要，为了使我们的科学跟当今的逻辑学和科学理论接轨，还是为了

清晰地界定国民经济中的因果性、必然性的本质，抛弃这种宽松含糊的表述方式确实更为恰当。“定律”的破旧大衣为一些论断披上它们根本不具备的必然性的假象，又或者为低水平的真理加上了高贵的头衔，因而误导了进一步使用它的人。[14]

不过对于什么是严格意义上的定律，当今的科学理论仍没有完全达成一致。但它在很大程度上明白了，我们的科学一直以来经常忽略了什么。今天我们知道，最初希腊人从人类的行为和管治他们的社会规章中获得“定律”或“法则”（Gesetz）这个概念。然后，人们在传授宗教思想的过程中谈论 68
“神的法则”。最终，通过把自然领会为一个活生生的整体，“定律”这个概念的含义转移到规律性之上。在近代，人们开始把一切发生的事情，无论是自然的还是精神的，理解为一个巨大的、内在统一的相互关系，而这个统一体又以严格的一般有效的形式被各种原因统治着。这时，人们获得了今天占统治地位的“定律”概念的含义和观念：我们不再如此称呼经验中得到的规律性，而只以此称呼那些能够准确确定其原因的规律；而“准确性”的保证，又是能够对因果力量的作用做数量上的测量。当我们不能够，或者只能猜想性和部分地解释某些规律性时，我们一般会相对于真实的定律而把这些有规律的序列称为经验规律。当然，这两者的边界并非确凿无疑，因为对因果关系的认知会不断向更高阶段发展。把那些其效果可以用准确的数字表达的规律命名为“精确定律”，始于自然科学研究者。寻找定律的目的总是想要化繁为简，于是越能通过少数最高定律推出一切，人类的理智就越志得意满。它的实用目标是预言，以及以此实现的对事物的统御。

但是，即使在我们占有完善和精确的定律的领域，就像在天文学和物理学，预言也并非绝对可靠，因为我们常常无法获得所有数据，不能很远地追溯那些因果关系序列，或者不了解基本要素的原始秩序。即使是能做出预言的现象规律性，也从来不是绝对的，至少对于比较复杂的对象如此，尤其对于生物学的对象。没有一匹野兽或一棵树木会以绝对相同的形式再次出现，人世的事件、状态又怎么可能一成不变地重复发生？但这并不排除在典型的模式或决定性的特征方面的规律性，而我们想要寻找、认识并通过“定律”解释的正是这些东西。更不能否定的是，同样的原因会带来同样的结果。所以克尼斯说，人们之所以经常比较不同时代和不同国度的国民经济状况，想要找的不是一种严格一致的因果定律，而是一种类比的定律。他不太成功地
69 表达了一个简单的真理：心理原因总是处于不断发展、变化之中，这种变化受到不同时代、国度的影响，而心理原因在自身发生改变的同时，必然创造出各种各样的经济形式和经济现象。克尼斯想要表达的真理本身没有错，有毛病的是他使用“定律”这个词的方式。

有人甚至怀疑，是否应该在国民经济和国家科学现象的范围内，甚或更要在历史事件的领域中，彻底取消自然科学意义上的“定律”概念。这无疑是正确的。如果人们只在找到可测量的原因的地方才承认有“定律”，那经济和社会定律几乎不会存在。即使相对而言非常恒定、简单的心理原因跟被明确界定的自然事实一起发生作用，并为我们带来了能以数字表达的结果，例如在价格方面，我们也断不能因此说那些造就社会生活的欲望的作用已经被有效地衡量。因为不同的年成、生产状况和其他类似的因素也可以是价格波动的原因，而不一定是变化的心理原因。在无法将简单的最终因素确定为原因的地方排除了定律的存在的人，也会很容易得出类似的结论。但显然，否定这种真实定律的存在的人，却可能因此承认经验规律的存在。避免使用这种表达方式的人，并不因此否定我们能在很大的范围内占有规律性和认识原因；也不会否认，大量的一般性真理、判断、理论在此是可能的。同时他会承认，有些规律性已经远远超出经验规律的界限，而接近于真实定律。因此，只要不至于马虎地把每个有规律的事实都称为“定律”，日常的语言表述应该还是可理解和恰当的。

我们已经在上面提到过，人们特别喜欢把关于价格构成的理论称为价格定律，以至于今天已经习以为常。庞巴维克（Böhm-Bawerk）哀叹道，一些人抛弃了这种表达方式。Fr. J. 诺伊曼以充满才智的、机敏的方式试图证明，在成熟的货币和交换经济中，由于某些心理原因——主要是自利——对那些

社会的主要阶级而言如此稳定地呈现，它们的影响作为一种社会力量又如此有规律、机械地施加在经济过程之中，因此，人们可以在此假定经济定律的存在。这些定律“表达了一种经济现象的有规律再现，而这种再现基于经济联系的力量，并由某些特定的动机产生”。诺伊曼说，根据我们的期望，这 70
样得来的定律，应该能够长时间为经济上的洞察提供一个基础，能够预见将会来临的事情，并能够为面临的危险开出药方。他无疑是对的。而且尽管他所提到的不是精确定律，但它们本质上确实超过了仅仅具有单纯规律性的经验规律。这些定律是一些用来解释“为什么”的概括性表达，它们从特定阶级的特定文化状况中被推演出来，并对这些阶级及其时代具有无条件的有效性。不过，它们暂时来说已经够用了，而且具有极大的价值。

当人们越把研究局限在一种特定的经济文化状况范围内，并暂时假定它是稳定的——这无疑是一种方法论上合理的手段——他们就越容易把握最重要的、占统治地位的心理或其他方面的原因，由它们推导出组织的典型形式，并解释经济过程中那些基本的、典型的重复发生的事件。通过这种方式，人们满足于或粗或细的大致概括，把次要的状况和细微的偏差忽略不计。无论人们把它们称作定律还是假定性的真理，如果使用适当的话，它们是认识的重要工具，以及良好的政府运作及管理的依据。

然而，这些定律并非最终的真理，它们依赖于对一种稳定的文化状况的假定。这时，我们必须进一步深入研究那些变化着的原因，以及一切国民经济形式、进程的改变。这至少包括下面三方面的工作：1.联系人种和阶级的差异，研究心理原因的变异，以此为依据，确定人的经济行为能以何种不同的面目出现，以及它是如何实现的；由此获得的成果，最好不要称为心理学定律，这种称号更适合留给基本的心理学真理，从这些真理中，我们可以推导出上述的心理—历史变动。2.力图详尽地查明，存在哪些国民经济组织的形式，以及它们如何各自产生；澄清劳动分工、各种企业形式、流通形式、融资方式和税收形式如何随之出现，以及它们如何平行于其他特定的政治、社会生活构造而有规律地运转。首先，我们通过这种方式获得了经验规律；

71 然后，随着部分或完全地发现转变的原因，我们对这些规律性的认识得以进一步深入。到目前为止，我们常常把这称为“发展规律”。旧历史学派经济学已经认识到这个目标；新近的经济史已开始收集、阐述和解释资料；而当这些成果越能跟我们所占有的心理学、国民经济学真理联系起来时，由此得来的原理和一般性概括的价值就越高。3.最后，我们可以尝试提出一条关于经济，甚至关于人类社会进步的一般公式，我们由此走向历史哲学、目的论、希望以及预言的领域；当这种尝试建筑于越广阔的认知之上时，它能提供的东西就越有价值。对于实践而言，这种大胆的综合始终是必需的，而且当某一时代的真正预言家相信自己找到了“发展规律”时，人们也无法阻止他们。赫尔伯特·斯宾塞和社会发展的理论家密尔与A. 孔德已经尝试过表述这种规律，那些社会主义者和曼彻斯特派学者也是一般。然而，这类规律却始终与自然科学研究者所说的真实定律大不相同。那些被人们不无仓促地称作历史规律的东西，要么是常常很有问题的概括，要么是简单、陈旧的心理学真理，人们却相信这些真理能解释大量的历史事件。因此有人怀疑我们今天是否应该以及能够谈论所谓的“历史规律”，这是非常有道理的。

结 语

在我结束对国民经济学方法的简短论述之前，我只想简单地从两个方面概括我的基本观点。但我必须遗憾地说，本书留给这些论述的篇幅无法为深入的论证提供余地，在次要的问题上，此处基本上只有概括性的、为勾勒和断言所必需的简单的阐述。

人的思维要把握这个世界可以通过两条途径，这两者就其各自的方式而言对我们同样必要和有用：首先可以借助一幅整体的图像，像世界整体的、历史的、国家的、国民经济的、社会的或人类灵魂的图像；它自然基于我们当前力所能及的观察和感知。我们追寻的理想正是由此而来，我们的行动从 72
这里获得了动力和目的；它是宗教、伦理、政治、国民经济体系的根源，世界观和生活的理想也从它产生，而这些观念和理想又从最深处统治着人类，决定着人们与万物和神祇的联系。这是目的论的、综合性的考察和阐述的道路。但它在各个时代对不同的人，由于变动着的、自我完善着的世界图像，必然带来这样那样各不相同的结论。如果说这是这条道路的弱点，那它的力量在于，人类的精神能够通过这种方式马上把握住整体和事物间大体上的联系。它之所以具有这种能力，是因为它一开始就从内部把所有精神事件作为一个整体共同体验，尽管仅仅凭借模糊不清的图画和想象。

现在，人类喜爱区分的理智又要把对个别现象的认识，描入这幅已经变得容易领会的整体的草图中。通过把现象分解成小的和最小的部分，观察和描述它们；通过命名和归类，理智在归纳和演绎的帮助下领悟“缘由”——

所有个别现象正是从这些“缘由”而来。这些有条理的、经验的个别认识的结果，对每一个正确操作[1]的人都是一致的，在其领域内不会有疑问和偏差。人类的精神越沿着这条道路往前推进，它领会整体时越能获得确凿的答案，它的世界观也越加清晰成熟。而因为这种世界观将成为它的理想，所以它就越能完善地安排自己的行动，越能正确地预见未来。最终，精神必须想方设法把区分性的分析和概括性的综合这两条道路结合起来，这才符合它最内在的本性，以及它寻求知识的意志和欲望。狄尔泰说：“我们从一开始就占有一个凭直接的知识和理解领会的整体，对这个整体的不断进展的解析，正是精神科学历史发展的特征。”

这也是国民经济学所走过的道路：从家庭、社区、国家经济的观念和目的出发，通过分析流通的商品和工作的人，分析由生产到消费的产品循环过程和财富的原因，达到了国民经济的概念。如这个词的本义一样，它成为一门“科学”[2]。自从不断进步的个别认识与那些暂时的整体图像、理想诉求和
73 实践信条获得了同样的分量，它就作为独立的部分从伦理学分离出来。之后它又堕入了片面性中：它想在暂时的时代要求中寻找最终原则，在抽象的局部观念里发现整体；它在不完整的、抽象而来的纯逻辑结论中漫游；与此同时，它的前提却仍然和它对真实的认识一样缺陷重重。自从历史和哲学重新把它引向对集体现象和整体的认识，自从统计学和经济史为它指出了通向有系统的、完善的经验知识的路，以及心理学把探索所有人类事务的真实的决定性原因作为不可缺少的目标摆在它面前，现在这门科学又回到了正确的道路上。⑮

1 即根据“科学的”方法和程序对经验世界进行观察。——译注

2 如果把德语词“科学”分析开来（Wissen-schaft），照字面可以理解为“一系列知识组成的系统”，估计施穆勒是指这层意思。——译注

注　释

① 最近有一种科学思潮，希望用“社会经济”概念取代“国民经济”的位置，或者想要平行于国民经济学确立一门社会经济学（主要是迪采尔），它追求的是这两个目标：它想借这个概念表明，单个经济体之间的经济关系今天已经远远越过了国家的边界；再者，它希望设想一种不受国家权力及政府、法律制度影响的经济社会。它采用一个抽象的、脱离国家的“社会经济”概念，又在所谓的抽象“经济人”之外，假定一种虚构的“宪法”，即一种绝对的经济自由、无限制的自由竞争。在我看来，这种概念构造既不必要又不恰当，无论如何，它在德国没有赢得很多响应。而对我来说，这里面包含一种标准，用以判断最近一些研究者提出的概念是否合理。

在美国人那里——部分地英国人也一样——用以取代“国民经济”的“经济”（Economics）概念也有着类似的起源。它为抽象演绎方法的理论家所偏爱，这些人只看到价值构成和财富分配的机械过程。对我来说，它显得更不符合我们的目标，因为通过把经济定义为纯粹的商品过程，它似乎想把行动着的人、社会以及经济过程的社会方面清除掉。它是一种回到李嘉图的倒退。

② 由始至终都很清楚，书本中和课堂上的领域划分，首先是因应教学实践和科学知识增长的需要产生的。而区分是否应该进一步进行下去这个问题，也首先由实践的需要以及这些建议被贯彻执行的形式所决定。到目前为止，也许并不缺乏建议，然而却缺乏真正被实施且取得成果的尝试。例如凯恩斯想在理论经济学之外设置一门规范经济学，然后再设立一门实用经济学，但他为此所做的论证几乎是幼稚的。门格尔希望划分出四个知识领域：1. 经济统计学和经济史；2. 关于各种经济决策形式的学说；3. 关于经济决策的理论，它一方面作为一般有效的定律由几个最终前提（自利、需求等）抽象而来，另一方面应该通过实际观察生活中那些总的经济决策获得——他想要把两者联系在一起，又认为区分这两种不同方法是有价值的；4. 实践或应用经济学。在另一个地方，门格尔更进一步表示，除了关于自利的经济理论之外，还需要若干不同的经济理论，而这些理论以行为的其他心理原因为出发点。迪采尔建议划分出一门理论的及一门实用的社会经济学；他希望把前者再分成经济史和经济理论，把后者再分成经济伦理

75 和经济政策。对于所有这些划分的提议，我只能这样表达我的意见：不被大家接受和实行的建议，仅仅是无意义地转向一个不可知的未来。

情况完全不同而且非常有价值。如果人们能够在有教师和听众之处讲授国民经济史、一国的财政史、经济学的历史和方法这些专门的科目，以及如果人们能够把实用国民经济学中被划分得太大的部分如社会政策、交通事业、银行业、农业政策再细分成专门的课程。这在很大范围内已经实行了，例如在伦敦和巴黎以及在美国的大学，然而在德国还是太少见了。

③ 不久前，发生了一场大范围的学术争论，它关于自然科学作为一方，精神和文化科学（如李凯尔特［Rickert］对它的称呼）作为另一方，在原则上是否应该运用完全不同的方法。因为这场争论也蔓延到国民经济学的领域，更主要地蔓延到跟经济学极其接近的历史科学，所以在此有必要对它作简短的介绍；然而面面俱到的详尽阐述是不可能的。

狄尔泰尖锐地强调了人类、社会、历史的科学与自然科学在方法论上的对立，他从前者的历史发展推断出，对这些科学而言，个体的见解跟在自然科学中对抽象的一致性的追求一样，也能够同样好地构成一个最终目的。之后，这个要求被文德班特（Windelbrand）和李凯尔特发展为最粗暴的反题。他们从一个无法争辩的事实出发：两百年以来认识论片面地依附于自然科学之上。其后果是，人们想连精神科学都依照片面的自然科学方法来构造，因此，他们要求这两大科学领域要各有一套不同的认识论。文德班特说，自然科学探索一般性的定律，因此它是定律科学（Gesetzeswissenschaften），精神科学探索特殊的历史事实，因此它是事件科学（Ereigniswissenschfaten）；前者的思维方式和研究旨在构造定律（nomothetisch），后者则是对特殊事件的描述（idiographisch），是理解性的。在前一个领域抽象占有优势地位，在后一个领域占优势地位的却是直观性。两种方法同样必要，但是它们之间却没有关联。

李凯尔特的路子非常相似，对他来说，历史学也是自然科学的对立面。他有时候在狭义上使用“历史学”的概念，有时候又用它来表示全部历史性的文化科学。关于自然科学的任务，他说：一种关于物质世界的一般理论，它的理想是，以一个明晰的概念系统，表达物质在空间中的直观多样性。原则上，世界到处都是一样的。所有差别和转变皆由一种不变的基质在空间中运动产生。这种运动被一些统一的规律控制；找出这些规律，以数学形式表述它们，并使之构成系统，就是科学的任务。如此，由物质构成的自然界可以被理解为一个机械装置。他
76 又说：与之相对存在着一些事物和过程，对我们重要的不是它们与一般性概念或者这些概念组成的系统的关系，而是它们自身就是现实、特殊的构造，就是真实。它们就是这样一些历史过程，而我们永远无法把历史材料套进一个一般性概念系统。个别的、私人的东西是非理性的。“倘若在这样做以后，经验科学只能通过考察一般性或特殊性来观察现实的话，那把科学划分成自然科学和历史科学就是不完善、有局限性的。”历史学具有跟自然科学完全不同的概念构造方式，我们将会在注释⑮里回到这个问题上。个体性、无法评判性、特殊性的思想统治着历史学。另一方面，只有具有一般意义的行为，以及与公认的文化目的相关的现象，才会使历史学感兴趣。它的概念构造是目的论的，它把某些重大的历史现象串为一体。李凯尔特在一批年轻的社会学家、哲学家和经济学家当中赢得了喝彩。然而有些人在一些方面对此有所保留，如

西美尔（Simmel）。马克斯·韦伯则是李凯尔特的狂热追随者，而且主要是在这个生硬的论断上面：一切精神科学只处理独特的现象。

不过，文德班特和李凯尔特自己却往酒里掺了不少水；之后，他们显而易见地与原来生硬的方法划分拉开了距离。在1894年，文德班特解释道，他只想用定律构造性科学和个别描述性科学这两个对立的概念表述两个正反相对的基准点，大量科学的具体研究却处于两个极端之间。对于自然科学概念构造的界限，李凯尔特曾经进行过多年研究。他一方面在这个问题上坚持了上述立场；另一方面却又承认，我们能够把社会和它的发展形式纳入一般性概念中，以及以定律表达社会发展的因果关系。他也承认，在这里起决定作用的常常是典型的普遍现象，而不是特殊事件。但是——他如此为自己的矛盾辩解——这却不是最高、最绝对意义上的历史。韦伯也提出了几个近似的构想。对此必须承认，对自然科学和精神或文化科学的区分（确切地说是历史学），并不同时以独有的方法为条件。在后者的研究中，除了必须以其他方法处理的个别现象外，确实还存在一些普遍的现象，对它们，必须以跟自然科学类似的方式处理。这就是狄尔泰一直表示的、新近又再次强调的观点。

国民经济学无疑属于这类科学：它必须因应不同问题的需要，运用自然科学或者精神科学的方法。以往错误的是，如美国人柏滕（Patten）所说，那些重农主义者、李嘉图学派和最近的机械论者想要把它搞成纯粹的自然科学。柏滕认为，亚当·斯密及最新的德国经济学把人和社会放在这门科学的中心位置，是一种进步。但他们并不因此否定自然科学的方法、一般性概念和规律性。他们也没有宣称，经济生活中的一切现象都是个别和独特的。 77

④ 各种各样的世界观和宗教这样在历史中产生：在千百年的时间里，通过人类语言、精神、政治、经济的社会化，形成了越来越大的具有统一宗教的群体，并最终产生了少数几个世界性的宗教；在某些问题上，所有这些宗教都持相同意见，其中几个还在主要观点上达成了一致。当然，在这些重要世界观和宗教的不同信徒中，还有很多独特的变体、偏离、混合形式。然而这不能抹杀一个事实：统治着这些过程的人类一致的本性以及统一的心理学规律，不断地把人们引向对世界之谜的相同或相近的回答，引向相同或相近的基本道德观念，而这些价值观中的每一种都各自引领着千百万人。在下一节里，我还会回到这个问题上，做更深入探讨。

⑤ 在这个位置，原来补充了一段关于不同国民经济学说的历史性概述，这在序言里已经提到过。

⑥ 当然，现在我要跟马歇尔站在同一阵线：我们必须从“既定事实”（Sein）推断“发展方向”（Werden）。而且当一个研究者越了解过去和现在是如何发展出来的时，他就越有能力谈论未来和“应然”。不过，这却不能成为轻率的预言、错误的期望和危险的理想的借口。

如果说，以往古典国民经济学和社会主义思想的斗争已经使人们产生一种渴望，即寻找一门超然于所有一时的理想的经济科学，那近数十年来不断增长的政党和阶级对立必然使之更为强烈。因为如我们所见，染上党派和阶级色彩、宣讲片面的理想、服务于某方利益的文献，增加得几乎跟客观的科学研究一样多。不过，以往这类要求还在合理范围内，不似近年来那种变本加厉的呼声：从我们的科学中清除一切理想；经济学并不教导“应然”，因为“应然”是而且总是主观的。我们必须把一切世界观、一切伦理判断、一切政治理念从国民经济学中驱逐出去。马克斯·韦伯和桑巴特成了这条极端路线的主要旗手。

韦伯宣告：“一门经验科学永远不能为了替实践开出药方，而把查明约束性的规范和理想作为自己的目标。价值判断的根源总是主观的，因此科学的讨论必须摆脱其影响。”他在维也纳更激烈地声明：“把‘应然’掺入科学问题是邪恶的行为。”桑巴特认为，对世界观、道德系统、
78 伦理价值判断的选择，跟男人偏爱金发或褐发女郎处于一个层次之上。那么为什么不干脆说，人们赞颂高贵的品格，厌恶恶人，跟他们不喜欢黑色和红色的领带而喜欢褐色的一样？为了证明引进理想目标会导致我们的科学破产，桑巴特说：没人再相信这门科学，因为它同时教导自由贸易和保护性关税。然而，不正是包括桑巴特自己在内的一些人，科学地揭示了为什么在特定国家和特定时期自由贸易政策是必要和合理的，而在另一些情况下却必须实行保护性关税？

无论是1890年还是今天，这类夸大的说法都不能妨碍我们断言：与散布意识形态理想不同，在研究存在之物的过程中，有所侧重和选择的诉求是具有合理的内核的，尤其对我们的科学的特定部分而言。不过，我今天希望比1890年更加谨慎地，并且比韦伯和桑巴特加上更多限定来表达我的观点。对于韦伯我要强调，如果我和他一样认为一切价值判断都是绝对主观的话，我也许会承认他是对的。价值判断确实有可能是绝对主观的，然而除了主观的，还存在一些客观的价值判断，它们不仅仅被某些人和学者，而且是广泛地被集体、民族、时代，甚至整个文明世界所认同。如果谁仅仅想到不同阶级、党派、利益的判断和理想，会认为韦伯是对的；如果谁相信在科学中和生活里客观的价值判断能不断战胜片面的道德政治理想，就不会像他那样轻蔑地看待这些判断对科学的渗透。

我们已经提到过，一般的语言表述会以“道德价值判断”“理想”和“应然”这些话表达多么不同的东西。因此我们必须进一步深究、追问，在科学意义上的道德价值判断是如何产生的，而它们又是如何成为道德规范的。

我们首先要指出，道德价值判断只是价值判断的一种形式，而且价值判断是从对价值的感受中产生的。价值感受与我们的心灵生活的一切过程相连，首先是快乐和不快乐的感受，然后是赞成和反对。它们从正面表明有益于生存的东西，又从反面表明有害之物。人类积累了百万年的生存经验，高级感受渐渐在基本感受之外形成，思想着、观察着的理智也发生着影响，这使这些感受提升为价值判断。价值感受跟价值判断一样，都会犯错。然而文化的发展，以及一切宗教和科学、一切习俗和法律所做的工作，使价值感受和价值判断在一切生存领域一点一点地被提纯，使它们成为越来越准确的、指向对生存和社会有所裨益之物的路标。而它们又使那些欲望和快乐的感受，在共同作用过程中越来越达至和谐，越来越形成一种良好、系统的从属和优先关系。

价值感受和价值判断产生于一切生存领域，它们成为一种指导性、统御性的力量；如果
79 缺少了一系列价值准则的作用，人类和社会就无法存在。宗教、道德、法律、审美、公益、政治、科学和经济的价值共存在一个社会中，它们紧密相关、互相影响，我们可以把这一切统称

为文化价值。所有这些价值的核心最终是道德价值，它指明了，为了全部的生存目标及它们之间的和谐，我们应该追求什么。它也致力于创造为此所必需的感受、道德习俗、规范和制度。经济上的价值准则，把人们为了经济目标所做的努力带进一种正确的、能够估价和比较的秩序中。然而一切经济手段和目标，都同时是人类更高的个体、社会目标的仆人和执行者。如此一来，所有其他的生存领域连同它们的价值判断，就共同反映在经济中的价值和价格判断之上。因此李凯尔特正确地说：“法学和国民经济学将在‘伦理要素’这个词的最广泛意义上，充分发挥其作用（他的意思是道德价值判断）。”

道德价值判断表明，一种行为是“好”的。道德的规范是在社会中产生的、以规则的形式被表达的“善”。“善”在习俗、法律和道德中被作为通常的规则社会性地固定下来，这种“善”的形式之所以出现，是因为如果没有它，大部分人就无法方便地找到及实施善的行为。道德和精神上优越的人自然几乎不需要这些规则，因为他们能够在自己的胸膛和良知里找到“善”，而且因此拥有在某些情况下漠视规则的权利——也就是在他们作为品德高尚的人，坚定地相信，恰恰漠视这些规则才是善举的时候。

各个民族根据其人种、达到的经济阶段、精神—道德发展状况的不同，会认同不同的“善”，而且他们都是正确的。“善”始终是一种变动的东西。每一个时代都有自己的义务、美德以及道德上的善和目标。对于不同的群体，善也不是绝对统一的，正如对不同的个体一样。不过“善”，即道德价值判断所要求的行为，总是根据它所考察的事态的地位，在整体上对行动者的生活提出比眼前的幸福、好处更高的要求。它是除了个人利益，还考虑到家庭、社区、人民共同体的兴旺发展的行为，也就是在行动中不忘民族、国家、人类的整体利益。价值判断以高级感受而不是低级感受为依据，它是高级感受对低级感受的胜利。历史上，对行为及社会制度的意义、后果的不断提炼的理解，使道德价值判断得以发展：道德价值判断的成型依赖于不断增长的、对一切因果联系的经验性洞悉。技术、医疗卫生、经济、社会—政治的经验，跟个体—心理经验一样，不停息地致力于使道德知识完善，使“善”获得胜利，并使价值判断得到越来越高的统御力——这些价值判断在历史过程中不断自我澄清，并不断适应新的状况。一切个人、一切社会生活的主要内容是设定道德目标，以及使价值判断在道德—文化上成熟起来。如果说各个时代、民族、宗教/道德体系、单独的个体及其禀性互相之间有差异的话，那 80
它们确实都有规律地参与了这个大进程，在其中，道德义务、美德和善行不在细节而在基本特征上被标举为少数几个互相协调的宏大最终理想。在所有世界的部分和所有民族，在所有宗教和道德体系，人们越来越多地宣讲少数几条简单的道理：坚持和完善你自己，爱邻人如爱己，把自己看作所属集体的一个成员；对待神灵要谦恭，自信然而待人谦逊。

今天的天主教徒和新教徒、基督徒和犹太教徒，自然也包括现实主义者和理想主义者，他们在道德价值判断上的差异，更多只是在次要问题上，而不是在主要方面。个性的不同并不排除在基本问题上一致的道德价值判断。人们可以为许多个别问题、为伦理学真理的推导、为道德系统的科学结构争论，然而对于最重要的实践价值判断，同一民族和同一文化时代的优秀、高瞻远瞩的人物却越来越取得一致。因此，当人们研究对经济、社会和国家秩序具有重要意义的道德价值判断时，主要涉及这类原则。

与此同时，我们大概都知道：1. 不同的世界观总是在一定程度上创造了不同的道德价值判断；2. 一部分道德价值判断在其历史演变过程中，必然产生出对立的、泾渭分明的结论。对此我们还要补充几句话：

1. 马克斯·韦伯说：世界观永远不可能是发展程度较高的经验科学的产物。他的意思是：经验知识的发展尽管能修正人的道德感，但它对笃信宗教的人和信奉自然论的享乐主义者，对保守派和自由派的党员的作用并非完全相同。在这种意义上他是对的。因此，在大多数情况下，党派、阶级的理想无法达到客观科学的高度。这些理想以阶级和党派的诉求，而不是公共利益的需要为目的。它们很容易包含自私的倾向，漠视具有同样权利的其他阶级、党派利益。当然，当它们的领导者占据越高的地位，当它们越在大时代中被拔高为共同利益时，这些阶级和党派理想就越成为绝对的“善”，其他阶级和党派的不同利益也就越要给它们让路。而我们可以肯定的是，一个民族的道德和理智水平越高，各个党派和阶级就越有可能互相靠近，尽管那些日常的争论一再使它们分离。例如今天我们可以说，经验、科学、时代的道德精神确实使这种一致成为可能：在社会改良问题的许多方面，保守的土地所有者、自由的工厂主、信仰社会主义的工人互相靠近了。

有一种一般性的观点，它认为人类在历史进程中将会越来越注重个人和主体性，这将在一
81 切道德判断上制造越来越大的不一致。我只能在非常有限的范围内认为这是事实。这种观点只适用于剧烈的社会变革，或者普遍的挑动仇恨、野蛮化、解体发生的时代。

2. 道德价值判断在历史上不断发展、变化这个事实，自然包含了下面的结果：各个党派和阶级，以及各种世界观，对改革提出不同的理想。一个派别捍卫现存的制度，另一个则要求或大或小的改变、或快或慢的改革。不过，某些最终的、重大的理想和价值却往往不被触及，尽管会有一大帮人高谈重估一切价值。即使是改革，往往也跟现存的或者旧的价值观念联系在一起。在一段或长或短的时间里，人们会拿不准什么会改变，什么是可能的，什么将继续存在下去。首先在智者们的斗争中，一些领导者获得了胜利，因为他们的道德价值判断最为合理，最符合善和时代的要求。他们的胜利最初依赖于其价值判断的说服力，而在稍后他们才获得群众的赞同。在研究这些变革过程时剔除一切价值判断，意味着把自己托付给了苍白无力的大致估计。正像价值判断统治着我们的生活一样，在科学里，在探究变革的过程中，它们也必然扮演重要的角色。人们也许会反对我们的观点，说这样一来，我们依旧宣称道德价值判断在国家和社会科学中必不可少，却不再像1890年那样要求清除它的影响，以及强调纯粹因果研究的更大价值。对此我们做出如下答复：

没有人——即使是最近支持剥离价值判断的狂热信仰者——要求完全不再讨论国民经济理想和道德价值判断。马克斯·韦伯强调，道德理想的历史力量没有获得充分的估价，没有被认真地从理智中推导出来：他只希望把它从“经验科学”中清除出去。他承认，所有学者在选择要处理和研究的问题时，都凭价值判断做出决断。桑巴特也说：“要全面地探究经济上的相互联系，就永远不能忽略伦理因素。”大体上，这些人有如下的诉求：在经验知识能为对因果联系的认识提供一个可靠的基础的地方，道德理想、政治观点就不应该被视为起决定作用——这些思想可能是在形而上学领域、在非经验的土壤里成长出来的。这是完全正确的，并且跟我们所

赞同的里尔（Riehl）的观点相一致："被科学的理由宣告为错误的东西，人们不能出于伦理的原因相信它为真。"然而完全错误的是，人们要一般及排他地把"科学"这个词为精确的经验科学保留下来，并企图剥夺整个伦理学或者其某些形式和部分使用这个名称的权利，就像几个过分狂热的马克斯·韦伯的追随者所做的那样。伦理学也将越来越成为一门经验科学，因此道 82
德判断已经很大程度上取得了与其他经验知识同等的地位——然而当伦理学运用目的论的时候，我们也不能称之为不科学。同样地，我们不能把国民经济学局限于技术—经济问题及其经验研究：我们的科学首要地与人类行为和它的原因（即与社会的、伦理的目标），以及经济生活中的社会道德—法律秩序打交道。因此，如果我们把道德目标、心理—道德方面的本能生活及其由道德、习俗、法律塑造的秩序从经济学中剥离，那这个学科就不会剩下很多内容。

a. 我们要问：如果去掉了道德目标和原因，我们在这门科学里所能探究的还有什么？回答是：在假定所有参与者会采取一致行动的前提下，我们可以从生产和交易的数量关系出发，科学地进行某些价值和价格的研究。我的意思是以自然科学为榜样，搁置道德原因和道德判断。但是对于大量较为深入的价值问题，以及绝大部分税赋问题，道德目标和道德判断已经介入其中：我们只要想想经济、社会中的公平问题就够了。

特别是关于国家、家庭、企业、个体的经济关系，关于国民经济组织的改革，关于济贫、社会保障系统、工人组织的一切问题，都触及伦理上的基本问题。如果在这个问题上，人们一方面要求在理论探讨中不能掺入道德判断，另一方面又要求在实践—政治探讨中把它考虑进去，那会发生什么呢？如此一来，人们是要撕裂本来不可分的内在联系。这样人们就像要求同一个人应该——根据自己扮演科学家还是政治家的角色——用两种语言说话，或者用两种笔调写作。

b. 因此在心理和道德原因具有决定性意义的领域内，这种区分的要求的合理性仅仅在于：写作或说话的人必须意识到，他在多大程度上以及有没有以经验性的因果联系为基础。在任何情况，即使在道德目标和道德判断的领域中，一个研究者都必须把经验研究推进至可能的极限；他必须在研究之中尽可能摆脱个人理想的影响；即使发现道德判断和道德理想是事件起因，他也必须像处理其他原因一样客观地对待它。在存在互相竞争的各种道德理想、道德判断的地方——主要是在党派争斗和日常争论中——如果不能可信地证明某种理想、判断具有害处或优点，他就必须把它们作为具有同等权利的力量处理。在涉及社会改良和实施某种有争议的理想的问题上，如果碰到有疑问的情况，他应当总是谨慎地下判断。但是，倘若他依据经验— 83
精确研究的结果、心理学与历史学知识、目的论的推论，相信坦率地表达自己的意见比谨小慎微的沉默更有益或更无害，人们就不能要求他在科学研究、陈述中对此一言不发。有些人想用主观的理想冒充客观科学，这已经在反对者的驳斥中得到了纠正；这种危险其实比下面的那种要小，即科学界的权威们想从一切国家科学的讨论中，驱逐他们认定是道德判断、目的论推论或者表达了其他人的主观世界观的东西。那些为提倡剥离而争吵的人，他们在讨论中同样无时无刻不在运用一些判断，这些判断也被其他人认为是"道德上的"，对此我要插一句话：此刻他们恰恰作为政治家而不是科学家说出这些话。在辩论中，正如在社会政策协会发生的辩论中，完全剔除道德判断很可能意味着排除所有最富魅力和最重要的讨论。

这样我们可以得出结论：在我们的科学中，必要的不是清除一切理想、一切对"应然"的探究，而是分寸、客观性以及在实际运用时的谨慎态度。每一个科学的代言人必须始终清楚，他自己谈论的是确凿的结论，还是希望、假设、可能性。他必须总是保持清醒，知道他的理想有可能是主观的，而且还存在其他跟它具有同样权利的立场。韦伯完全是对的，当他说：如果人们宣称其他理想是无价值的，那任何讨论都不再可能。但是即使一些人主张某种道德理想，即使他们被空想家和轻率的革新者认为是历史的残余，我们也不能宣称他们是违反时代潮流的人。“当我们研究国民经济问题的时候，不能成为清教徒。”一个懂得享受、具有优雅品位的经济学家在捍卫百货商店企业家时曾经这样说。当然他是对的，我们不能从一个刻薄保守的老奶奶的角度谴责这些商店的全部新产品和宣传机构。老人往往会变得过时，而年轻人却拥有未经检验的理想。老人有必要尝试理解年轻人和他们的理想。而且无论如何，应该容许研究经济革新带来的可能的道德损害。难道为了避免显得像清教徒，就不允许研究酗酒的巨大道德破坏性，即使这明显具有经济上的后果？

这两种互相斗争的思路，它们的许多针锋相对的指责，在我看来是出于误解。例如马克斯·韦伯这样说：“随着历史意识的形成，一种伦理进化论和历史相对主义的混合体在我们的科学中赢得了统治地位，它试图剥离伦理规范的形态特征，通过把道德习俗的领域的所有文化价值纳入考量去确定这些价值的内容，并把国民经济学提升到一门伦理科学的显要地位。替各种可能的文化理想的全体盖上一个道德习俗的印章，是对它的误解，这样人们就不会去起码了解一下这些理想产生作用的客观性，抽掉了伦理律令的显要地位。”实践家们也许由此推断出：
84 “国民经济学从一种特殊的‘经济’世界观出发创造了或者必然创造着价值判断。”

我不清楚，马克斯·韦伯这样说的时候是不是主要针对我。果真如此的话，他似乎彻底误解了我。

毫无疑问，对我来说伦理学跟国民经济学一样，是一门现实的科学。依我之见，一种超验的、纯粹形式的伦理学——像韦伯在此视为唯一合法的那种——是错误的，在这点上我的意见跟当今的大部分哲学家完全一致。正如从J. St. 密尔到现在为止的许多经济学家一样，我称呼国民经济学为一门伦理的科学。亚当·斯密也说它是道德哲学的组成部分。然而，大部分抱这种意见的人并不想把伦理学和国民经济学硬凑在一块，或者赋予后者更高的权威，更不想把所有文化理想嵌入经济学之中。跟我的看法最为相左的是，试图从一种特殊的经济世界观推出价值判断。与此相反，我只是不同意经济行为能超然于善恶之外。此外，韦伯没有把人类的最高动机，一种触动人的内心深处的东西，也就是道德理想的世界，纳入“技术—经济”的领域。这是一种伦理价值的纯粹主义，我对此不敢苟同。而可以肯定的是，我们的学科不但跟技术—经济性问题，而且也跟经济方面的社会宪法打交道，因此它必须直面伦理和法律问题。至少，我们的科学处于技术—经济性问题和伦理问题的中间领域。如果韦伯自己没有深刻感觉到经济和伦理的紧密联系的话，他也许就不能写出关于新教伦理和资本主义的精彩论文。

⑦ 直到今天，对这些问题仍未有定论：对世界的客观认识是否以及在多大程度上是可能的？现象是否能为我们揭示真实？绝对的怀疑论和主观主义是否真的有道理？我们在前面提到过最近我们的认识方法的统一性如何被否定，以及把自然科学的方法照搬到精神科学上的做法如何

为人诟病。希格瓦尔特教导过，一切认识都以反映真实的世界为目标；李凯尔特则否定这种观点，认为这是根本不可能的。

如果说一般认识论的进步无论怎么说都是巨大的，如果说所有怀疑论和主观主义总会自我瓦解，如果说尽管有自然科学和精神科学之间的种种细节差异，我们的思维规律的统一性依然维持不变，那专门就国民经济学的方法论及其完善、发展而言，确实留下一个困难。从事认识论研究的专业哲学家，大多数对我们这门科学的专业研究如此陌生，以至于他们尽管很愿意把我们的学说纳入他们的研究，却无法做到。反过来，大部分为方法论问题写作的专业经济学家——他们为数不少——根本不具备应有的哲学素养。如此一来就产生了大量混乱和困难。在我看来，在过去两代德国经济学家之中，实际上只有G.吕梅林、诺伊曼和哈斯巴赫（Hasbach），最近还有马克斯·韦伯和欧伦堡（Eulenburg），才具有足够的学识，作为权威去 85
研究方法论问题。即使对J. St. 密尔是否有这种能力也是大可怀疑的，对凯尔涅斯和门格尔就更是如此，至于其他人就不用提了。在所有现代的哲学家当中，冯特在这个领域取得了一点成就，狄尔泰则在关于国家科学、国民经济学研究的本性问题上获得相当丰硕的成果，而李凯尔特和文德班特的贡献却非常少。

当戈泰恩对从事方法论研究的经济学家呼吁：你们不要老是唠叨，人们应该如何如何，请实实在在做些研究；这本身其实没什么值得奇怪。另一个人甚至说，只有完全没有能力从事实际专业研究的人，才会写关于方法的东西。这种悲观主义彻头彻尾是错误的。在方法方面不断提高的清晰性是所有科学取得进步的基本条件，当然也包括我们的学科，只要稍微深入了解一下经济学的发展历史就能明白这点。

⑧ 在所有18、19世纪国民经济学著作中，扮演重要角色的是经济行为的心理原因，而且首先是这个问题：我们是否应当和能够把它们隔离出来考察？亚当·斯密从一种被公平和节制所约束的道德上合理的逐利欲望出发，李嘉图则以他那个时代商人的逐利欲望为出发点。而两者都相信精神生活是不能撕裂的，人们必须在整体上把握它。李嘉图的继承者，特别是今天的门格尔和迪采尔，有意识地想要把逐利欲望或者经济意识隔离考察，但是却没有特别通过心理学方法去观察它们，他们的分离方法是一种纯粹主观上进行的思维分割。因此，就产生了针对这种不经现实观察证实的分离方法的怀疑和异议。这个流派的新代言人们虽然也承认其他的心理原因同样会产生影响，但却没有真正尝试去观察、确定这种共同作用的范围和程度。我们也许能够认同这种对各种欲望进行分离的可能性，当然也包括对它的抽象运用，但是仍然会争论它的实用性，以及争论这样人们到底是否和在多大程度上还处身于经验观察的领域。

我们当然可以尝试对此进行隔离性的观察：单个人的经济行为的客观后果，以及那些社会经济现象，例如单个地操持着家政的家庭、社区、协会、法人、市场上单独或全部的过程、价格构成。然而这样马上会产生一个问题，即根据时间、手段、观察者的不同，这在多大程度上是可行的。统计方法也许能通过提出若干问题，在一个人类集体内，对特定形式的所有单个事件进行计数。但是在社会、国民经济和历史的领域内，对数百万、数十亿中的大多数进行完全的观察是不可想象的。尽管有一个准则，规定要把每一社会过程分解为最小的部分，分别观察

86 它们，然后才把搜集到的观察结果总结成一个最终结论，但在我们的领域内，这即使可行，也只在极少数的情况下。我们通常会采取另外一些解决办法：为观察找出一些典型的事件，然后假设它们能代表现象的全部特性，因此我们可以据此进行推论。在我们学科的一个很大的领域内，对社会生活的观察首先从生活体验，即对一系列印象的理解出发。人们经验到这些印象，并以传承下来的知识加工它们。然后这些印象、理解被构造成一系列的图像，在这些图像中，有些东西（例如价格构成和市场构造当中的相互联系）是内在联系在一起的。而正是这种客观的内在联系，使我们能把所有没有关系的东西，从发生的事件和观察的结果中隔离出来；互相归属的、具有内在关系的、重要的东西被记录下来，不重要的则被忽略掉。[1]这样我们就可以得出结论：国民经济过程是无穷复杂的，同时，这些过程中发生作用的又是大量的原因和个体，因此这些图像的产生要依赖于浓缩和筛选的过程，正是这个原因使它们不容易达到自然科学观察的精确性。

⑨ 李凯尔特最近表示，有一个论断仅仅适用于自然科学概念，对精神和历史科学情况却完全相反：那些意义广泛的概念包含越多真实的成分，它们就拥有越丰富的内容。在我看来，这里存在一个错误：即使是一般的历史概念，也只包含一个作者、一个学派或一个民族置入其中的内容。例如“俾斯麦（Bismarck）的时代”这个历史概念自然包含着一种个人色彩，但除此以外只有历史学家放进其中的内涵，正像自然科学研究者放进“力”和“物质”概念里的一样。

在我看来，李凯尔特和他的学生所极力强调的整个区分方法——把自然科学和历史科学的概念构造划分成两大对立面——是出于一种混淆。李凯尔特说，一切历史的概念构造包含着各民族、时代、文化时期的特殊标记；历史的概念总是希望了解公认的价值联系对特殊的个别部分究竟有多大影响。戈特（Gottl）恰当地说，这里所说的不是概念构造，而是在描述时所运用的历史学处理方法。可以肯定的是，国民经济学——李凯尔特把它归入精神科学之中——主要凭集合性概念（Sammelbegriffe）或者表示一组现象的概念（Gruppenbegriffe）工作，就像李凯尔特自己所承认的那样。他还补充道，这些概念无法透彻地阐明历史中本质的东西。无疑，许多集合概念无法做到这一点。然而像“自然经济”和“货币经济”或者“市镇经济”和“国民经济”这类成对的概念，却试图抓住历史上某种非常本质的东西。不过，它们当然没有包含某个具体的货币经济或市镇经济的特征。

国民经济学、法律科学、法律史、一般历史学都需要一般性概念（generelle Begriffe）或者类型概念（Gattungsbegriffe）工作。最近马克斯·韦伯在他极具说服力的研究里对于这些概念，对于它们的产生、使用，以及对其恰当的使用与滥用做了探讨。他在一种特定条件下把这
87 些概念称为“理想类型”，即既不把它们作为现实的反映，也不用它们概括一组单个现象，而是为了测定、划分现实，阐述内在相互联系及验证假设，试图去掉枝节，突出最具代表性的特征而形成的理想图像：如价值概念和抽象的价值理论，在市场上和交换中它们在完全自由竞争

1 施穆勒的意思是我们对观察结果的筛选、加工方式，也是由现象的内在本性决定的。——译注

和严格理性行为的假定下被虚构出来，就可被视为理想类型。市镇经济、手工业时期、资本主义生产时代、重商主义时代、自由主义时代、封建时代、帝国主义时代，等等，都属于这种理想类型。人们在概念上越能清晰、无歧义地把握它们，它们就越实用，但是人们往往更多地只感觉到概念意义，而不是对之有透彻的认识。无论如何，人们有必要谨慎考虑，是否必须凭这些概念来理解行动着的人的想法，以至于理解那些有关“应然”的理想。这种看法无疑是合情合理的。然而下面的论断就没有那么确凿无疑：理想类型概念的根本作用在于，对个别、独特、重大的现象进行衡量，并系统地确定其基本特征；它们之所以产生，是因为人们试图通过概括一些同类的过程去创造出一个概念，而这个概念能够以直观形象表示个别现象的文化涵义。韦伯提出了那么多真实的、具有独到见解的观点，他又以他的研究如此大大地充实了历史—国家科学的概念构造，然而我仍然想要说，韦伯太多地把各种各样集合性概念的例子归到他的“理想类型”旗下，他在这里太随便地把类型概念（Gattungsbegriff）和理想化概念（Idealbegriff）凑在一块。当他声明他的所有理想类型都是“乌托邦”时，比歇尔和我——我们共同创造了“市镇经济”的概念——却要提出异议，即反对把我们的概念跟社会主义或曼彻斯特主义的乌托邦视为同类。我们想要凭这个概念理解中世纪一般和典型的市镇经济现象，在此以外，把现象中个别的、无关痛痒的部分略去。我们把它跟区域经济、国民经济一起放在一个历史序列中。难道连“国民经济”也是一个纯粹乌托邦式的概念？当然，韦伯自己也承认，他的理想类型和类型概念会根据表达、使用、阐释的不同而互相重叠转化。在这点上，我完全同意他的看法：它们只是帮助思维整理材料的辅助手段，而不是现实的完全反映。即使是历史性的一般概念也不是现实完整的映像，其实全部的概念都不可能做到这一点。

如此我们可以得出一些关于错误运用概念的结论。对概念进行分析是一种重要的教学手段，它使初学者理解这些概念，并向他们指出，这些概念是从哪些现实状况中抽象出来的，以及它们背后存在什么东西。但是这种分析不能够以科学的第一任务的面目出现。门格尔正确地说：科研的对象是现象本身而不是它们的映像——概念。凯恩斯说：纯粹的概念会把我们带进异常狭窄的小路。哈斯巴赫表示，在德国，自沃尔夫的哲学[1]以来，在大学里国民经济学和法 88
学的结合[2]产生了一种概念经院哲学，它使理论研究的兴趣变得迟钝，它的一大堆缺乏直观内容的概念吓退了初学者。马克斯·韦伯警告过对一个封闭概念系统的信仰，据说在这些概念里通过最终有效的区分总结了真理，而因此可用于进一步的演绎推理。韦伯认为，因为文化问题的永恒变动性，这种看法已经可以被否定。

⑩ 在17和18世纪，人们第一次尝试去严肃地研究重要经济现象的原因，国民经济学得以作为一门科学产生，正与之相关。那时人们问道，什么是1500至1700年普遍价格上涨的原因？人们通过推测和研究，认为铸币的劣化、商人的垄断、贵金属生产的增加是其可能的原因。人们

1 应指启蒙时代的德国哲学家、法学家和数学家克里斯蒂安·沃尔夫（1697—1754），他是“概念法学”（Begriffsjurisprudenz）的奠基人。——译注

2 指当时这两个学科在大学里被划入“国家科学系”之中。——译注

又进一步追问下层阶级的处境、工资水平的原因：人们把这些归结为必需的生活费用、劳动者为工作位置的竞争、为支付工资可动用的资本金额。人们希望从根本上解释价格运动；人们研究供应和需求，在商品中包含的劳动，消费者的购买力、需要及其物质基础、心理学表现，等等。我们可以说，我们的科学越向前发展，因果探讨就越成为国民经济研究的核心。但是，这里当然还存在着巨大的争论，即这门科学究竟应该在何种程度上独立地探索问题的原因。

因此凯尔涅斯表示,国民经济学不必研究财富的一切原因，经济学从其他科学那里接过所有根本的原因，然后只需要进行演绎推理；他还骄傲地补充道，自然科学研究者不理解其中原因，我们却知道。而对我们的科学尤其重要的是：1.追求财富的愿望（一种心理学原因）；2.人口变动（一种生物学—心理学—历史原因）；3.土地的物理特性（物质的、自然科学的原因系列）。然而他之后又承认，这三种原因只足够解决主要的理论问题。如果人们要处理市场、度量衡，处理货币、交易、流通系统，就有必要从一种更广阔的生活经验中汲取为此所必需的元素，又或者宣告少数几个原因是本质的，而所有其他原因则是次要的——J. St.密尔在1848年甚至把人口变动也归入后者。从魁奈（Quesnay）到马尔萨斯（Malthus）的古典国民经济学不知道寻找少数几个本质原因的限制，这在李嘉图之后才变得流行，而在刚刚举出的凯尔涅斯那个例子里它才初露头角。只有古典学派的追随者才信奉这种研究的限制，局限于寻找极少数原因的作用。现在人们仅仅追求一种关于市场和收入的学说，它片面地从经济上的自利及其后果出发，在这种学说中，那几个被考察的原因自然与一些乌托邦式的假设联系在一起：平均一律的
89 人、无限制的职业、交易自由，以及人口、资本量、技术的绝对稳定。我们提到过，今天抽象的北美经济学仍然采取这种处理方式（见注释⑪）。

与上述方式具有同样渊源的是，完全不凭原因，而是凭公理、哲学前提、最终要素进行推理，把这些作为科学探讨的出发点。(以下一大段与第十一节几乎完全相同）大概是跟数学、几何学的类比诱使人们这样做。他们希望跟那些科学一样，拥有少数几个简单的前提，并依据它们进行演绎推理。在英国，西尼尔和其他经济学家提出了这样的一些最高的“基本命题”。前者提出了著名的四个原理，但是它们是从经验和意识推导出来的。而这些原理至少包含着关于因果关系、经济行为、人口增长、资本的作用以及农业生产的限制的普遍性判断。他们的德国继承者，主要是门格尔和萨克斯，表达得要含糊得多：前者宣称，他的最终简单要素一方面通过经验—现实的分析获得，另一方面它们又必然是先验的。他使用“先验公理”这个词，但是又不让我们完全弄明白这些“公理”是否就是所谓的最终要素。他所认定的“先验公理”，就是人的需要和充分满足这些需要的努力。而萨克斯在一个地方把自利、互惠和利他主义说成公理，在另一个地方又说成是需求的感受、财物和劳动。这里涉及的是一些尽可能抽象的一般性概念，人们却从来没有对它们的因果作用说出一点具体的东西。所有这些概念不如说是一些“公理”，即对每个人自身不言而喻的真理。然而它们无疑不是因果性的判断，单凭它们不可能构成一门关于现实事物的科学的基础。因此现实主义的德国经济学（如勒瑟、诺依曼和我）彻底地拒绝接受这类思想。即使是门格尔的崇拜者，像A.瓦格纳，也从来没有在这个关键性的基本命题上面跟他采取相同立场。也许是H.迪采尔，做出了最成功的尝试，把一个统一的原则、一种相同的力量作为唯一原因推到顶端。他从以物质财富为目标的经济追求出发——这种追求

与人们行动中的经济性原则直接相一致——许诺推导出一种与现实主义国民经济学相反的抽象社会经济理论，当然这种推导并没有真正完成。然而这只是意味着，我们在进行具体的价格研究时能够忽略某些次要的原因，以及能够不借助专门研究，把某种形式的社会阶级构成、法律秩序和交换社会作为既定之物设为前提；这样我们仅仅表达了某种方法论上的技巧是可行的，而只要它被正确、灵巧地使用，只要不会因为忽略本质的东西而把画漫画当作科学研究的基本方法，任何人都没理由反对它。又或者这仅仅表达了一种观点：我们可以把“经济性”这个多义的概念——简而言之它就是理性的行为——设想为一切国民经济行为和事件的相同的、明确的原因，我们也可以从它推论出阶级形成、法律秩序以及一切生产、交换行为。如此说来，迪 90
采尔进行了一次拯救旧抽象经济理论的失败尝试，他混淆了公理和原因，误判了经济行为的真实原因，并错误地使用了从数学和概念法学那里学来的类比推论方法。这些抽象理论从少数几个统一的逻辑前提演绎而来。但是像每一门关于现实事物的科学一样，国民经济学想要通过“原因”进行解释。尽管在有些地方，它会忽略那些次要原因，而仅仅考虑主要原因，但它绝不容许对原因和逻辑根据的混淆。此外，不能忘记最近勒克西斯对迪采尔提出的异议，他说：自然科学研究者所采用的隔离方法，即把一种原因的结果隔离出来观察，其合理性在于，人们可以把其他原因通过实验分离。这样他们就能够清楚地认识到一个被隔离研究的原因所产生的结果。国家科学中隔离和演绎方法的辩护者忘记了，他们只能在思想中，而从来没有在现实中实现这种隔离。他们的所有推论都不是基于观察而是猜想，确切地说基于对多种原因的复杂作用的观察。因此他们那些猜想总是需要被不断修正，但无论如何，它们并不跟自然科学的观察具有同等地位和权利。

这样我们可以得出简单的结论：国民经济学，如果从广义上理解它（正如我们在注释①中给予它的定义），必然要考察自然和精神原因的全体。如果说其他科学已经为经济研究的需要提供了科学加工过的原因，那经济学就应该利用它们；如果不然，它就应该自己进行研究，或者说以其他科学的成果为起点继续研究。这里涉及一个艰难的双重任务：一方面把经济生活的物理[1]、生物原因，另一方面把心理原因，作为两组各自独立的原因一并考虑；而且要确定这两者各自的作用，以及其共同作用。

⑪ 因此，我们必须反对一切片面的唯物论国民经济和社会学说，也必须拒绝一切直接或间接把国民经济学纳入自然科学的企图，就像大部分的社会主义学说和现代社会学所追求的那样。然而需要补充的是，即使是马克思的门徒，甚至他的朋友恩格斯，不久前还这样阐释他们的那些唯物主义观点——它们实际上想要表达，纯粹自然因素是通过人的大脑，以及人的感受、欲望、意志、思维活动的中介作用，影响人类的行为。他们其实承认了这些自然事实只作用于人的头脑和精神，而这样一来，对行为的心理学解释就不是多余的。对于如何弄清从大脑的分子到人的心理特性，再到人的行为的因果链条，他们却知道得很少，正如我们对其他人类的了解一样少。

1 原文为“心理”，疑是印刷错误。——译注

91 即使是最近那些半生物性、半历史性的关于人种和遗传问题的研究，以及关于心理物理学、疲劳现象的一类研究——即使它们很有价值也很受重视——也没有填平横亘在自然科学和精神科学或者自然和精神的因果解释之间的鸿沟。

关于自然及自然原因对人类生活的一切——也包括经济生活的一切——的作用，狄尔泰不久前这样阐明其性质："自然不仅仅是历史的舞台；蕴含在它之中的物理过程和必然性，以及起源于它的作用，构成了历史世界中一切关系——它们存在于行动与受难、行为与反应之间——的基础；物理世界也构成了整个领域的物料，在这片领域内，精神表达了其目标、价值、本质：这时，真实在此基础上升起，众精神科学则从两个方面对这种真实进行越来越深入的探索——一方面从对自我状况的体验，另一方面从对外部世界中被客观化的精神的理解。"比起人们把人口变动或者有限的土地面积作为两个自然事实——它们在价值构成和生产中产生了"干扰性"的影响——纳入考量，这种观点大概确实比较真实和深刻。我只想具体地就国民经济的自然原因系统补充下面几句话。

⑫ 如果说最近最重要的德国哲学家W. 冯特和W. 狄尔泰各自作为自然科学哲学和历史哲学的领袖提出了这种要求——必须创建一门描述性和分析性的心理学作为所有精神科学的基础，那么他们提出的这个紧迫的需要也适用于我们的科学的进步，像希格瓦尔特所说："所有历史事件的基本规律只能是一些心理规律。"而这些人的反对者则相信他们可以用嘲讽反驳这个诉求，他们说，人们肯定不可能被"一门有待创立的科学"这种空话敷衍过去。不过，他们的话表明的只是，在上述那些人的论述之外，他们对于我们这些人在这方面究竟做了多么规模庞大的准备工作和尝试知道得多么少。过去一辈人的科学—心理学研究确实没有把这作为目标；同样真实的是，尽管许多法律研究者、经济学家、历史学家依旧在空想，却未能创造出这样一个基础。然而这种状况什么都不能证明。狄尔泰出色的研究《关于一种描述性和分析性心理学的设想》指出了至今解释性的、主要凭假设进行研究的心理学与描述性心理学的矛盾。他要求后者摆脱过去的不确定性和片面性，而要做到这一点，它的结论就必须建基于比较和发展史，建基于实验和对精神历史产物的分析，建基于对知觉和感情、欲望、意志行为及动机的分析；它必须——狄尔泰说——区分人类的种族、国家、社会阶级、职业类型、历史阶段以及不同的个体：
92 "这样一种心理学构成了目前的心理学与历史世界之间的桥梁。"在1908年，冯特还强调，精神科学的代表人物自然无法从今天的科学心理学那里得到什么有用的东西。不过他也越加坚决地要求，在今天已经发展出来的心理学解释性部分之外，建立一种个别的、社会的描述性心理学。赫巴特学派不是早就写过关于这个领域的论文吗？霍维茨（Horwicz）的心理学分析，特奥多·韦兹对原始民族的人类学研究，还有拉策尔和其他人的贡献，不是已经为此提供了建筑的物料？G.吕梅林的演讲和文章包含了对描述性心理学的大量贡献。全部当代的社会学也一样，我能想到的是勒庞（Le Bon）的《社会主义心理学》（*Psychologie du socialisme*，1902）和莱图尔诺（Ch. Letourneau）的《种族心理学》（*Psychologie éthnique*，1901）；后面那本书自然有许多可批评的地方，却确实走在前进的路上，而这条路恰恰通向描述性心理学的未来。另外，胡戈·明斯特贝格（Hugo Münsterberg）也打算要创立一门社会阶级的心理学。

大部分抱科学态度的国民经济学家也越来越立足于这个基础，开始参与描述性心理学的准备工作。萨克斯说，国民经济学理论是应用心理学。哈斯巴赫做出了有意义的尝试，他选出一些大经济学家，检验他们作为依据的心理学观念系统，并证明这种系统与他们的经济学说、理念、要求的关系。对于早期国民经济学的三个大学派，我也进行过类似的分析。我在我的《一般国民经济学大纲》里曾经把各人种、主要民族作为心理类型总结其特征，这样做的目的只是让初学者免受所谓的“经济人”或者自私的苏格兰人、犹太人这类匆忙概括的影响。在我的《一般国民经济学大纲》第一册发表之后，克纳普写信给我说，他觉得比起历史阐释，我在书里更强调心理学的分析。布兰塔诺曾经出色地尝试把握过去及现在的劳动者心理。F. J. 诺伊曼曾经尝试弄清在价格构成中分配公平与报酬公平所发挥的作用，以及大宗交易中——与零售交易不同——自利心理的影响。我们所有重要的描述性经济文献，几乎都以心理学分析为出发点。桑巴特在《社会科学文献》里关于资本主义企业家的文章和他关于犹太人的新书，主要以心理学分析为依据。我关于公司、合作社、股份公司等的全部研究，均从这些企业形式的不同心理学前提出发。A. 瓦格纳在他的理论基础里嵌入了一种心理学欲望理论；在《一般国民经济学大纲》的引言之中，我认为必须插入一段关于经济行为的个体心理学及群众心理学原因的概述。而尽管它们今天尚未完善，这类文献将会朝着胜利的方向继续发展、成熟。

⑬ 最简单的是，解释一下那场主要从1880到1900年笼罩着学术界的演绎方法和历史归纳方法 93
的支持者之间的争论。

当国民经济科学在18世纪产生的时候，它从自然法那里获得了一般的理论框架，又以当时的西欧国家为背景建立起自己的思想世界。那时候人们几乎不了解欧洲以外的文化和种族，他们信仰一切人和一切社会制度的平等。于是人们产生一种思想，认为普遍的人性会创造出四海一律的经济行为和经济制度。然后在这个框架内，人们描入市场、价值、价格现象等国民经济细节，还有在这些条件下的社会阶级劳动分工和收入分配、地租、利息以及劳动工资。但是，对这些个别现象的认识主要通过经验、观察和经过验证的假设，以及归纳才得以成型。然而在1750至1800年之间出现的系统性的著作里，这一切显得已经是一个完成的体系，它被人们从已知的和猜想的心理学原因出发加以论述；而这些原因的结果则被演绎性地阐明。哈斯巴赫的一项大功绩是指出，我们必须注意到，那些教科书为了向年轻人授课的需要，总是采取这种处理方式：它们并没有展示结论如何从归纳中得来，而是展示了在获得这些结论之后，如何进行演绎阐述。不久前，拉瓦瑟尔（Lavasseur）强调了很相似的观点：研究的操作方法常常是归纳的，但对所获得的完成结论的阐述却更多或者说主要是演绎的。

之后，在19世纪，密尔和凯尔涅斯以自然科学为榜样，相信能把演绎方法视为国民经济学重要的和决定性的方法，他们想象国民经济学在根本上是通过演绎产生的。他们认为，亚当·斯密已经是这样处理的，然而确实从李嘉图开始这种思想才真正产生，然后作为一种一般信仰传播开来。所以，马尔萨斯早就指责这种仓促的一般性概括为“粗陋和草率的理论”，但是这很快就被人遗忘了。只要社会宪法、劳动分工、流通仍然沿着跟1760至1850年差不多的轨道运行，那国民经济的理论和政策就没有剧烈改变的必要，而旧的信仰——以为单纯运用演绎法就能带来福音——就会继续保持其统治地位。直到19世纪中叶开始，重建国民经济学的需要才变得紧迫起来。现在，一个规模庞大的历史、地理、经济、政治的经验世界与旧演绎方法及它的原理相对峙着。人们现在越来越洞察到许多陈旧、仓促的一般性概括的肤浅和偏差。在社会主义理论之外，历史—现实主义学派开始进行反对国民经济学旧方法的斗争，并要求更严格、广泛的观察和描述，以及归纳法与演绎法的同等地位。很自然，在经济生活比较稳定和经济发展比较慢的国家，人们会反对这些要求；那个宣称从魁奈、斯密到李嘉图的所有经济学家
94 都仅仅使用演绎方法进行研究的神话，亦已广为流传。在德国，门格尔、萨克斯、迪采尔等经济学家也投身于旧有的方法；A.瓦格纳则试图至少维持两种互相争斗的方法的平等地位，尽管他自己仍然比较亲近于演绎法。在这里我不想再进一步描述1880至1900年间进行的争论。今天，它退回到这种认识之上：根据个人的气质和研究兴趣、所处理的问题、包含研究对象的领域大小，根据是研究未解决的问题还是描述已解决的问题，具体的研究者可以看情况更多地使用归纳法或者演绎法，又或者同时使用两者，但不可以因此说一种方法比另一种优越。哈斯巴赫对这个问题的处理是最好的（《施穆勒年鉴》，1895年，《方法论争论的历史》）。他用这几句话作为结论："我已经尽力展示了从自利原则出发的演绎法完全是无益的；而且一般而言，经验的规律性构成了认识的开端，这些规律性在少数情况下能成为一般的经验规律；从一些心理学原则出发的因果解释则隔断了认识过程。"他还补充道，在拥有被确证的知识的领域中必须运用演绎方法，但在其他领域则必须坚持归纳方法。

⑭ 为了澄清这些重要问题，似乎有必要探讨一下下面几点：关于科学规律的语言表述是如何形成的；自然定律与精神生活领域中的定律的对立：价格定律、依赖于心理学群体作用的其他经济定律、统计定律，以及所谓的经济发展定律之间的区别。在这个领域，主要是Fr. J. 诺伊曼提供了清晰的分析。此外，我们还必须说说，在国民经济学中"定律"到底有何种意义。

"定律"或"规律"这个词在一开始表示强迫性的社会秩序，它由国家暴力所颁布和维护。不过这个概念的意义很快就转移到神的律令和自然的定律之上，而这三种形式的定律却没有被明确区分。在犹太教—基督教的世界里，被强调的主要是历史中的神的世界规划以及所有事件的神圣规律性（欧伦堡）。一直到17、18世纪，许多作者都把"自然定律"（leges naturae）同时视为神的律令。此时占主导地位的思想是对自然、历史事件的必然性的信仰（……）[1]（而不再）是全能的神以人类无法猜度的计划，随心所欲地控制着一切事件。向这种观点的突变始于巴科（Baco），他首先想要探索的不是出于神的意志的"目的因"（causae finales），而是物理学和人类学中的"作用因"（causae efficientes），这种原因在现实生活中直接导致了事件的发生。之后，霍布斯在他的国家理论里，洛克在他的心理学中，也追求同样的东西。这样一来，人们就走上寻找自然定律——神不会对之直接干涉——的道路。牛顿（Newton）试图通过一种解释
95 使这条道路为基督教观点所接受，他分析道，神的造物在一开始是完美的，然后神让世界和它

1 此处原文有缺漏。——译注

的自然定律自己运转。

在配第、霍布斯、洛克、坎蒂隆（Cantillon）、魁奈、孟德斯鸠（Montesquieu）那里，自然定律、神的律令、道德律令总或多或少是统一的，或者根本是同样的东西。把关于“应然”和存在的定律视为同一，这跟自然法和颂扬人类个人主义欲望的思想很接近，人们识别出自我维持的欲望以及责任感，并以它们的实现来解释发生的事件。对霍布斯来说，关于一种完整、强大的国家暴力的学说是最首要、最基本的自然定律。它同时是道德律令和神的律法，虽然与此同时，他在很大程度上从利己的欲望推导出社会生活。不过正如在霍布斯身上，这种思想——把定律视为不受神的干扰的因果关联——一直往前推进。当洛克偶然说起“价值的规则和定律”，当李嘉图追寻“决定财富分配的定律”时，它就与自然科学研究者的语言表述联系在一起。这些研究者主要从18世纪开始寻找并发现了自然定律，它们阐明的是严格的、不容更改的、不与神灵关涉的、重复发生的共存关系，或者更确切地说是现象在时间中构成的因果序列。但就其特性而言，不论是过去还是今天，这些被阐述的东西仍然是形形色色、各不相同的。

我们今天把自然定律区分为因果定律和经验规律，对前者我们可以确定重复发生的过程的原因，对后者则不能。我们还可以进一步区分出基本的和被推导出来的定律，一些定律的结果可被测量、计算，另一些却不行；还有根据单一原因还是多个原因的共同作用，区分出简单或复杂的定律。人们假定在所有自然定律里面，存在一种严格的、无例外的作用，不过这当然是有限制的，即在一切领域都可能出现附带状况和反作用，它们有可能会抵消或修正由始至终存在着的主要原因的影响。在应用自然科学中，主要涉及一些这样的复杂定律，它们似乎没有这么严格，它们在其可见的结果中揭示的与其说是根据方式、强度而言完全相同的作用，不如说是向某个方向发展的趋势。

这种自然定律概念的发展，以及与之相连的语言表述和含义，现在延伸到精神科学，尤其是国民经济学领域。自然科学从1750至1900年的辉煌进步，及它那个容易被人理解的假设——思维规律和科学方法在某种意义上是统一的——对此起了推波助澜的作用，正如唯物主义的时代潮流一样。人们忽略了科学素材的差异，他们相信只要把一门精神科学尽量塞进自然科学的外套里，它就会显得更加高贵。近来出现了一种非常强烈的反潮流，它完全不想了解精神科学的规律，或者轻蔑地把它们作为从属性的辅助手段来对待。我们将会进一步看到，这种运动到底包含多少合理的和矫枉过正的成分。

首先，我们尝试联系诺伊曼的观点，指出在当今的重要文明国家中，我们的科学具有何种 96
几乎一致的、关于国民经济定律的语言表述。诺伊曼列举出下面一些从经济自利推导出来的公认的定律：

1. 价格定律：a）当需求与供应上升或者下降的时候，价格会趋于向相反方向运动；b）价格会趋向最廉价的生产形式的最低成本，只要后者可以随着需求而扩张，否则的话，价格将趋向能满足这种需要的最昂贵的生产方式的最低成本；c）比较必需的产品的价格会比那些不那么必需的产品变动得更剧烈。

2. 作为自利的进一步结果呈现的定律：a）跟价格、工资相似，手工业者和企业家的收入也会趋向某种最低数额；b）小企业会逐渐被大企业排挤；c）与之相关，高收入和大笔财产将增加得比中低水平的收入和财产快；d）土地耕种的强度随着该土地与交易市场所在地的距离增加趋向于降低；e）在铸币流通中，存在劣币驱逐良币的趋势；f）在纸币流通中，迅速回流的大面额钞票有被小面额钞票驱逐的趋势。

3. 然后，诺伊曼把在税收及公共收费领域内的一系列现象归因于公平感，而这些现象也被人们称为定律。

4. 他最后把下列定律归因于其他原因和动机：a）土地产出递减定律；b）马尔萨斯的人口定律；c）最后是所谓的发展定律，它部分地已经被亚里士多德（Aristoteles）所认识，就像从封闭的家庭经济到营利性的、以财产收益为目标的经济体的转变。进一步说，从自然经济、货币经济到信贷经济的过渡，各种劳动分工、企业、劳动报酬形式的出现，自然也包括诺伊曼没有提到的从村庄、家庭经济向市镇、属地、国民经济的发展，都属于这种发展规律。

从第一到第三点所说的所有因果性经济定律，“它们各自表达了一种特别重要的经济现象的重复，而这种重复本身是普遍、自然地发生的”。依照诺伊曼的看法，这些定律从来不是精确定律，即用可计算、可测量的形式描述的定律。它们仅仅表明了一些趋势，而这些趋势又是与特定的高度文明中特定的心理学普遍现象联系在一起的。也就是说，它们始终包含着一种假定性质：只要行动着的人的动机——它们是这些定律的前提——足够强大，以致在地域和时间上不被其他相反的动机所抑制，这些结果就会出现。然而在诺伊曼看来，在当今和近代那些经济上高度发展的文明国家中，由于密集的人口，由于为了经济生存的严酷竞争，由于社会、经济关系所产生的压力，我们所考察的心理学普遍现象之间的区别、差异在下述意义上消减了：
97 一方面是个人在经济上的逐利欲望，另一方面是通过协作社、社团、国家的措施，通过与此相连的追求公平的高级感受，以及寻求利益平衡的意愿，产生的对逐利欲望的某些制约；而因为这两者都变得如此普遍，以至于我们可以说，对那些被考察的普遍现象，大致上存在一种定律的必然性，即同样的原因就能带来同样的结果。

我们可以说，比起其他精神领域，这种必然性在国民经济行为的领域要重要得多，以至于比起社会、美学、政治、历史的定律，我们更惯于说“国民经济定律”。这种语言表述变得如此普遍，以至于它已经无法被消除了。我们大概无法找到其他合适的词汇来表示这种必然性的特性。即使指出自然定律与经济定律的不同，也不足以使我们放弃在我们的科学里使用这种定律概念；因为许多自然定律也是经验性的，它们只表示了某些趋势，而不具有严格的精确性，在现实中它们往往不会导致绝对严格一致的现象。没有一匹野兽、一棵树会以绝对一致的形式重复出现，那人类的个体、事件和状态又如何能够完全准确地重复呢？不过在经济学领域内，我们确实能发现范围极广的规律性以及典型形式的重复出现；当存在着被清晰限定的、明确的原因时，思维的规律迫使我们承认这种现象的回归，于是我们把它们称为“定律”。

不过我们跟自然科学研究者一样，不能忽视各种自然定律的差异及其作用；我们不能忘记自然和精神生活尽管有很多一致的地方，它们却确实显示出本质的不同。诺伊曼相信能够这样理解经济定律与某些自然定律之间的共同点和区别：a）两者的对象都是由特定的原因产生的现象的重复；而且对两者来说，那些原因的影响都只在不被其他原因干扰时才能发生；两者都感兴趣的是一些原因，而对这些原因的认识，对科学本身以及驾驭将会到来的事物都至关重要。b）两者的差异源自自然原因与心理原因的对立，后者根据民族、阶层、阶级、个体的不同常常会大不一样，因此它很难被把握，或者很少会被分解为被清晰界定的单位；于是它也无法提供精确的结论，即使比起其他动机如对公平、适当、公益的意识，自利在今天的西欧国家显示出更多的一致性。同时，对当今西欧现实及其经济上的领导阶层的强调，无疑也造成了限制——正如每一条心理学规律都一样——我们不能期望伴随某个时期和阶级产生的行为和制度，在其他时期、其他阶级那里也会再现。当然，这种限制的存在并不否定“规律性”或者“定律”概念的合理性：只能说同样的原因（这里是同样的人）会带来同样的结果。在这个地方诺 98
伊曼也是对的，他想要指出上述第一到第三种定律与发展定律（第四种）的巨大区别；他把后者完全排除在他的探究之外。我们可以说，前面那种定律的依据是，在今天生活在货币经济中的民族身上，有一些能够比较清楚地被界定的心理学动机（经济上的自利、公平意识），或者说是在经济方面引导着他们的因素；而所谓的发展定律之类（上述的第四种）的依据，部分是自然原因，部分是具有更复杂形式的几组动机以及它们在时间中的变化——这种变化通过文化进步以及种族的混合、繁荣、衰败而产生。我们马上会回到这点上面来。

在此之前，还要说说一种语言的习惯用法，即把那些我们发现而又没有在一定程度上弄清其原因的规律性称为经验规律。诺伊曼不赞同这种惯用语。一些比较年轻的国民经济学家如狄尔（Diehl）、波纳（Bonar）、马克斯·韦伯、比尔曼（Biermann），也持类似的立场。人们当然可以对此提出很多见解，尤其是在完全缺少对原因的探究或者我们还完全在黑暗中摸索的时候。但是在探索已经开始进行却没有完全达到目标的地方，我们不可能那么容易地清除掉“规律”这个词，而“经验的”这个修饰语仅仅表明了因果研究的不完全性。在此，我特别想到的是统计定律——诺伊曼并没有在他的研究中把它纳入考虑。

我们把统计定律理解为：通过统计学上的大量观察确定的关于出生、婚姻、死亡、犯罪以及类似社会现象的规律性。在其中，我们观察到一种特定的稳定性和一些暂时的偏离。这两者促使我们去推测，所有那些进入考察的原因序列何时会带来稳定的规律性，何时又伴随特定的改变。这些原因包括自然事实、生物学和人种情况、经济—技术及心理状况，那些统一的人类群体正是依据这些原因被划分的。但群体的同一性并不排除地域、时间的偏离。不过我们注意到，这些差异有时是微小的，有时随着观察数量的增加而互相抵消，以至于统计确实总是显示出基本相同的结果，或者其改变可以被我们所知道的原因解释。人们过去把这些规律性称为“定律”，恰恰因为很多这些规律以令人惊讶的方式长期保持恒定，以及人们能够毫不困难地解释那些偏差的原因（例如死亡率因为疾病、战争、饥荒、危机而上升）。人们以后之所以不能直截了当地把它们称为“定律”，而只能称为“经验规律”，正是因为对于那些原因的无限复杂性，对于不同原因在最终结果中所占有的份额，几乎不存在一种非常可靠的可辨识性，以使那些原因和原因群在大体上比较容易被认知。

在一开始，统计学的结果如此令人惊异，如此令人想到自然科学的观察，它们通过一些相同的数字序列震动了大批研究者，诱导他们走向极端唯物论的结论和希望。对凯特勒 99
（Quetelet）、巴克尔等人来说，这些数字似乎是解答一切社会科学认识问题的最完善的方法。

那时，大家似乎终于了解到，连所有精神科学都可以使用自然科学的方法和数量上的表达进行研究。但人们却忘记了，真正可以应用统计调查方法的问题是多么少，而在这时问题的提法又多么粗糙和表面化，以及统计学在大多数情况下只能活跃在自然事件领域内。

于是，针对这种对统计学的夸大，很自然地形成了一个具有强烈人文科学倾向——主要是历史学方面——的反对派。但当它断言否定历史定律的人也必然摒弃统计定律，或者断言在两种情况下个体的决定的不确定性都排除了定律的存在（根据伯海姆［Bernheim］的观点）时，它就走得太远了。对此必须要说的是，所有的个体决定都被心理原因所决定，只是在考察历史现象方面那些心理学原因还没有完全被认识。而对它们的认识也许永远不会达到这个程度，从而让我们能完全解释伟大人物的决心、不同时期的立法状况以及重要的民族命运。在统计学和它的定律中，涉及的却是一个更为朴素的目标：对某些被明确区分出来的、在心理学上被研究的人群，通过平均值或根据一些平均特征，定量地理解他们的命运及因果地解释它，而这种命运对每一个体而言是大致相同并且主要是自然发生的。在西美尔说下面的话时，不是针对死亡和出生的数字，而是针对自杀的数字——这是主要由精神原因决定的统计现象中的一种：如果我们对一个内在联系在一起的社会单位、一个拥有特定品质的民族下判断，说每年在10 000人中发生多少多少宗自杀时，我们的陈述就接近于“一种真正意义上的定律”。

至于人们是否也能够谈论土地产出递减的定律或者马尔萨斯的人口定律，我想说，我表示非常怀疑。不过这里的篇幅却不容许我对此再深入讨论。我只想就人们是否应该谈论国民经济的发展定律多说几句。也许这种方式会简单一点：对那些从根本上否定一切寻找精神科学定律的努力的哲学家和经济学家，我首先表个态。在此之后，我才能特别就经济发展定律和历史规律谈一谈。

我们在上面已经指出了（注释③）那场就其本身而言合理的斗争——反对自然科学方法在精神科学中的统治地位——如何在文德班特和李凯尔特那里，更多地在他们的几个学生那里，导致了对一切精神科学定律的抵制。对文德班特来说，只有自然科学才是构造性的，也就是说能总结规律性；精神科学必须对独特的事件进行特殊的、再感受的、直观的描述；“规律和事件作为我们的世界概念中两个最终的、不可通约的范畴持续地同时存在着”。李凯尔特也持差不
100 多的观点：“历史规律是一个内在矛盾的提法。”针对精神／文化科学，马克斯·韦伯说“我们追究的不是定律，而是现实的内在相互联系”；认识规律不是目的，它至多是研究的手段；认知普遍性、构造抽象的类型概念、认识规律性，以及尝试表达定律性的相互联系，这些也许也具有一种科学的合理性，但在文化科学领域里，最本质的东西是把握始终具有个体性的生存现实，以及它与普遍文化价值的关系；追溯经济现象的心理原因和心理规律是不可能的，因为属于这个领域的所有真实都是个别、特殊的。

不过我们已经提到过，刚刚所说的两位学者在之后都修正了他们极端的立场。而韦伯在一开始就比较小心谨慎。戈特则恰恰相反，他以几乎是粗俗的口吻断定，自然科学和精神科学的统一科学方法是无用的口号，它“寄生于愚昧，然后靠思想的惰性赖活”。他说：“纯理智的因果性完全不能辨知经验原因，它只能辨明心灵过程和确切的事实。”

在这场热烈的反抗运动中自然包含着相当的合理性，但也有很多夸大成分。我们来分析

一下其中真理性的内容。精神、社会、经济的过程越复杂，就越难对现象进行彻底的因果解释，把它们追溯到心理学的或其他的规律，以及从根本上把握它们的全体和细节。我们只能通过一种筛选程序抓住其中比较重要的东西。像李凯尔特和韦伯正确判断的那样，这可以通过发现这些重要因素与文化价值、伦理价值的关系，又或者找出长期或持续发生的作用、找出它们的独特性来实现。什么才是独特的？关于这点可能经常有争论。在某种意义上，每一种现象、每一个事件、每一个人都是独特的；然而从一个人的本质和作用看来，说他是独特的，常常既有可能是意味深长的，又可能是无关痛痒的。如果牧人认得他的羊群里——总共300头——每一头羊的模样，那么对他来说每一头羊都是个别、独特的，但对经济学家来说一个个体只是一个可被表示的数字。每一个人类个体在某种心灵—道德关系中是独特的，然而对社会、经济观察来说，在整体上许多人——如果不是大部分的人的话——都是数字，就像一头头羊那样。相反，那些举足轻重的政治家、立法者，或者像亚当·斯密、李嘉图那样的伟大经济学家，对我们来说自然是特殊的现象，他们的生平在科学上必须通过高水平的传记来记述。大部分专门研究，如我们今天为各工业部门及它们的历史、状况和繁荣所做的，将会使用一系列的因果性定律和通用的国民经济学概念，以便一般性地理解现象。但除此以外，它们也同时试图从直觉上直观地把握特殊的东西，如果后者真的存在的话。马克斯·韦伯所做的一项关于加尔文主义的 101
科学意义的研究，通过其历史—心理学论证，为伟大的心灵—个体过程描绘了一幅图画，其中并不缺少因果性的环节；但是，通过再感受而得来的对历史变量及其作用的理解，显然比他从现象中总结出来的因果规律更耐人寻味。这样，我觉得涉及重大而复杂国民经济现象的、介于定律性的因果解释和特殊性领会之间的分歧，似乎已经得到解决。在由于问题的规模和复杂程度，因果解释的道路受阻的情况下，我们应该走另外一条道路。当我们描述某一时间的一些个别现象、单个的庞大事件、一个城市的经济或国民经济时，应把它们列入已知的概念中，并尽可能因果地解释单个的因素；但是我们同时要根据其特性对整体进行概括，把它与其他类似的现象进行比较，然后再为一般性推论做准备。如此说来，这两种途径是可以同时实行的；而在某些情况下，又会两者都行不通。人们之所以会轻视其中一个立足点而偏向另外一个，这大概可以通过我们的学科的方法论历史以及下面的事实得到解释：各种科学思潮总是首先夸大其新思想，然后在相互斗争中继续深入研究。但它却不能被斗争的持续时间所解释。

现在我们回到国民经济发展定律上，然后最终回到历史定律之上。

最近被人们称为国民经济发展定律的东西，涉及在近数百年间渐渐发展出来的社会形式和构造——经济生活的各种制度。人们可以试图通过把它们划入不同的特殊组别，或者把它们作为特定国民经济体中有生命的组成部分，来理解这些制度。在前一种情况下，我们探究市场组织、铸币系统和金融业的形成过程，探究整个支付和结算系统的发展，探究过去及现在劳动分工和社会阶级形成在不同时间和地点的形式，探究各种企业组织形式，探究不同的财政机构；我们试图通过一个个比较重要的、在实际中出现的样本来领会、描述这些现象中的每一组，确定其差异的原因，然后我们就可以试图达到一种认识：这些现象如何在时空中形态各异地形成，以及彼此分离地出现。在上一代人当中，这种形式的研究构成了本学科研究工作的一个重要部分。但是我们跟完满的成功还有很远的距离。困难得多的会是另外一项任务：不仅仅是解释单个国民经济制度的发展，而且是理解国民经济体在时空中的分布、先后序列，还有造成这种发展的因果过程。因此，在过去五六十年中，我们的科学正是从事了这种工作：希尔德布兰德关于相继出现的自然经济、货币经济、信贷经济的理论，我和比歇尔关于家庭经济（或者说村庄经济）、市镇经济、属地经济、国民经济、世界经济的发展序列的理论，就是这种形式的尝试中最广为人知的例子。

102 那人们应该更专注于研究单个制度的发展，还是研究这些制度在一个统一的国民经济体中的联系？无论在哪种情况下，都涉及非常复杂的、跨越数百年的原因和发展过程，涉及自然的、生物学的、技术—经济的、种族和民族—心理的以及个体—心理的原因序列和它们的共同结果。这马上又涉及从人类精神生活在外部产生的客观结果来理解心理原因，然后反过来从这些心理原因——如果我们相信自己已经抓住了它们——来领会外部的社会构造。狄尔泰是有道理的，他说，今天人们为此采用形形色色的研究方法：从力图摆脱心理学影响，到认可心理学在精神科学中的合法地位——就是力学在自然科学中占据的那种地位。在建立一门充分的、描述性的心理学方面，正如上面所述，我们所做的仅仅是个开端。关于国民经济发展的知识，我们至今所拥有的只是开端、碎片、假想，而不是完成的结论，这没什么值得惊讶。我们主要着手进行了对单组国民经济现象的描述性研究工作，例如市场和交易所制度以及不同时空的流通手段，还有过去及现在的企业形式。从这些局部研究出发，我们提出了一些假想，并寻找新现象跟老现象之间的联系，还有其他机构制度与被研究机构制度的相互作用，例如了解金融业、劳动分工与企业形式之间的作用；而在这种作用浮出水面之后，我们再试图认识当时的技术对相关制度的影响，以及精神、道德、法律的发展与这些制度的联系。

即使是对国民经济局部领域的发展研究也是异常困难的，因为除了在各领域中的经验—历史细节知识以外，对不同时间、地域的情况以及各自然科学、精神科学的大的组成部分的一种通盘掌握也必不可少。不过当我们想最终掌握国民经济生活的整个历史发展过程的时候，这些困难更会增大到无法估量的程度。不过，我们无法放弃这个目标，因为它恰恰是追寻知识的活动中的最重要的东西。而且我们确实在很多方面发现了重大、一致的发展路径和规律性。

不过问题是，我们是否应该把它们称为定律。而我相信，在这里避免使用这个词确实要适当很多，因为对此我们知道的还远远不够。就连“经验规律”这个名称，例如我们就把今天统计学的某些结果视为经验规律，我也不想在这里使用。因为我们意识到，比起探究当今被清晰界定的人群之中——他们的心理特征已被人明确认识——的死亡、出生、自杀数字产生的原因，
103 在追溯过去数百年的心理原因和经济制度方面我们取得的成果要小得多。克尼斯对此提出的解决办法——不讲“因果定律”，而讲“类比定律”（Gesetz der Analogie）——在我看来不见得更适当。我们也许可以谈论近似的历史序列的发展规律性，但不能更多了。我们当然不会放弃这种希望，即在以后比今天更大的进步。因此，我们不会抛弃我们的信仰，即世上发生的一切都有其原因及规律；或者是这种希望，即凭我们的知识认识关于将来的发展序列的某种几率。

我们在这里探讨了，如何把“定律”这个概念运用于日益增长的关于整个国民经济及其单个组成部分的发展的知识。而当我们把国民经济和它的部分看作整个人民、社会、国家生存的纯粹的片断来考察，例如我们把国家和人类的发展作为一个整体来理解，或者当我们希望从根本上弄清历史的意义和相互联系的时候，这些判断自然就更有道理。过去人们想要超越与这些

最终的重大问题相关的、老旧的宗教和形而上学思想，从而走向对历史的现实的科学认识，这无疑属于人类最伟大的精神成就之一。而某些乐观主义者还相信，在这个领域内我们已经得到了定律——“历史的定律”。然而问题是：这在多大程度上是可能的？我们今天称为“定律”的各式各样的东西，是否纯粹是通向定律的一些尝试？我们是否真的在以后也必须在这种意义上谈论定律，正如我们过去对它所做的限定那样？我们已经称为“定律”的东西是否仅仅是一些纯粹的概念构造，我们把它们设想成在一个历史序列中前后相继；或者是否仅仅是一些片断和经验原理，其界限及因果过程尚未被我们所充分认识？当然，从根本上这也取决于某些学者为“定律”的本性所设定的概念。若谁像拉姆普雷希特那样，把每一个有根据而又有一个能被定性确定的对象的判断——这里所说的对象是历史——称为定律，就会做出与另一些人完全不同的判断；这些人只将这种知识称为定律，即它从特定的原因中被推导出来，而这些原因又源于重要现象的普遍性重复。

除了国民经济及其组成部分之外，历史学的研究领域涵盖了一切在人类社会发展中联系在一起的自然、人种、生物学状况，一切语言、道德习俗、法律、宗教和整个社会宪法，以及个体、群体心理力量的发展；换而言之，一系列半完成甚至一些几乎未曾建立的科学。依我之见，假若我们想要能够严肃地谈论历史定律，就必须大大加深对遗传和变异，对心理原因和它的规律，对一个重大问题——天才人物与大众在整个历史发展中所占的相对分量，以及其他诸多问题的了解。希格瓦尔特强调，今天的所有历史判断都没有走出在占主流的个人主义与对普遍现象的片面划分之间摇摆不定的状态。冯特，还有狄尔泰、文德班特和他的学生，突出了独特性和非理性在一切历史中的巨大重要性——我们自然必须把这两者也想象成是合乎规律地发生的——但他们确实不能为这两者找到因果解释。冯特又强调，因此随着个别因素影响的增长，发现定律在一切领域内变得更困难了。在这种情况下，我们尽管会像上述的哲学家一样为心理—历史认识的每一个进步而高兴，但是也会跟这些人还有希格瓦尔特、吕梅林和大部分历史学家一样，至少在目前的阶段否认我们掌握了历史的定律。 104

还有些东西人们一般不会认为它们是历史定律，就像实际的生活经验，因为它们总是跟那些谚语一样自相矛盾：人们既谈论持存的法则，也谈论民族的历史中的更迭法则。人们会把民族的发展过程与人的年龄阶段进行类比，并称之为一条定律。巴克尔把这也称作定律：一个人类世代的进步由他们对物质现象的研究成果衡量。康德则不把后者称为定律，而是一条准则、一个理性观念、一种见解、一个天性中被隐藏的计划：由自私所引起的争斗将在历史的进程中，通过社会化，通过国家秩序和法律，渐渐被平息。这是一种目的论的思想，正如其他这类思想一样，它在人的族类的形成以及精神战胜自然的过程中发现了意义。然而，这些思想仅略略地超越了斯多亚—基督教的观念；后者认为存在一系列前后相继的世界王国，而最终来临的将是神的国度。新近的唯物主义思想体系则从技术进步推导出一切民族的发展历程，但这种解释是一种局部的认知，它本身不能解释整体，因此在这里引入技术史作为历史阐释的辅助工具也许是有助益的。

当冯特和狄尔泰指出，一种更深入的历史阐释主要依赖于一门描述性心理学及其规律时，那他们在这一点上当然是对的：每一个深入的历史阐释，除了研究、把握个别性之外，必须同时走这条路。而当拉姆普雷希特往这个方向做出尝试，例如他对奥托王朝的德意志精神生活和德意志文明史的富有魅力进行研究的时候，他试图既领会这些现象本身，又把它们放在新旧交替的过程中进行理解；在我看来，这无疑是走在正确道路上的进步的尝试。不过，它确实仅仅是一种尝试，而不是对历史定律的揭示。

他以及在他之前、之后走类似道路的人，例如布莱西希（Breysig），至今还没有走出时期划分、以时期划分为基础进行概念构造，以及经验—历史地澄清因果关系的探索性尝试。在这种意义上，当然不能说这些工作不重要，它们所取得的成果无论如何，要比以往的神学、目的论以及依赖抽象推论的观点和思想体系具有更为可靠的基础。但是拉姆普雷希特本来可以做得更多；他本来可以发挥更大的影响，如果他不是被自己的伟大和成就所陶醉，因而经常居高临
105 下地诋毁反对者，太刻意地以越来越宽泛的日常写作来显示自己的名声的话。而他的极端的反对者，如贝洛（Below），出于对认识方法的转变的片面理解和无知，自然也没少犯错。

为了指出，为什么我一方面对像拉姆普雷希特所做的这一类尝试不像他的反对者那样全盘否定，另一方面又不禁对此深感疑虑，我只想再说几句。如果人们把狄尔泰在他评论施莱尔马赫（Schleiermacher）等人的书以及新近主要在《精神科学中的历史世界之构造》(*Aufbau der geschichtlichen Welt in der Geisteswissenschaft*，第110页之后）中关于历史时期、领袖，关于群众的生活视野，特别是关于德国启蒙时代的精神—心理特征所阐述的东西，跟拉姆普雷希特相关的议论比较一下的话，不抱成见的人肯定觉得后者的论述是多么薄弱：它认为不是俾斯麦掌控了他的时代，而是他被那个时代的群众运动所掌控。狄尔泰则更深刻、更生动，也更高水准地理解到，那些巨大的精神活动是历史生活的主要原因。当然，他并没有提到“定律”。

让我们以奥尔肯（Eucken）客观、合理的论断结束关于经济和历史定律的考察：“总而言之，在新兴科学中的定律无疑经常带来了匆忙的推论和教条主义的判断，而且比起真实情况来说，它让事物显得更简单，让我们的洞察力显得更深刻。但是首先它作为一种激活的力量，却确实促进了总结和划分的工作，它确实向科研——如果说它没有揭示结果——提出了问题，它跟新兴科学中的工作和斗争、成就和失败密不可分。”

⑮ 在停笔之际，我没有对这篇文章的修订感到心满意足，反而感觉到它巨大的不完善性。我满怀喜悦地再一次为这篇论文付出了时光，重新补充了它的内容，甚至还想过把它重写一遍，但是却由于各种个人、外部的原因没有如愿。我的一生中有三个时期致力于方法论的研究：从1862至1865年的几乎全部时间，从1888至1891年间的许多个月，还有过去几乎一年的时间。我希望这些时间没有白费。然而今天我知道，如果要使这项研究达到完善，也许必须花费我的一半或者整个学术生涯。可惜这些光阴已经消耗在对我来说更为重要的其他任务之上了。至少，当我审视着迄今出版的22册《普鲁士行政管理文献》——我虽然没有独自写下这套丛书，也没有在写作中发挥主要作用，却确实推动了它的出版，履行了我的职责，并跟大家一起创造了它——思量着它将为普鲁士国家和经济的发展历史提供何种绝对可靠的科学认识可能性时，我就会对自己说，它比解决我们的学科里富有争议性的方法论问题更为重要。不过扪心自问，如果没有探讨过这些方法论问题，并由此获得了一种坚定的信念，我在自身工作领域所获得的成就无疑会更不足道。

施穆勒主要作品

1.《宗教改革时期德意志国民经济学思想史》(博士论文，1860年)

Zur Geschichte der nationalökonomischen Ansichten in Deutschland während der Reformationsperiode. Dissertation. (Zeitschr. f. d. ges. Staatsw. Bd. 16, 1860)

2.《税收理论基本原则视角下的收入理论》(1863年)

Die Lehre vom Einkommen in ihrem Zusammenhang mit den Grundprizipien der SteuerLehre. (Zeitschr. f. d. ges. Staatsw. Bd. 19, 1863)

3.《19世纪德意志小手工业史研究》(1870年)

Zur Geschichte der deutschen Kleingewerbe im 19. Jahrhundert. Statistische und nationalökonomische Untersuchungen. Halle 1870

4.《斯特拉斯堡的织造业——证物与描述并附大事记与词汇表：一项关于13至17世纪德意志织造业与工商管理法规的研究》(1879年)

Die Straßburger Tucher-und Wberzunft. Urkunden und Darstellungen nebst Regesten und Glossar. Ein Beitrag zur Geschichte der deutschen Weberei und des deutschen Gewerberechts vom 13. bis 17. Jahrhundert. Straßburg 1879

5.《国家与社会科学文献史》(1888年)

Zur Literaturgeschichte der Staats- und Sozialwissenschaften. Leipzig 1888

6.《演讲与论文集：当今的社会政策与工商政策》(1890年)

Zur Sozial- und Gewerbepolitik der Gegenwart. Reden und Aufsätze. Ebd. 1890

7.《行政组织、行政职务与公职人员：一项包含一般性论述的特别基于1713年前德意志与普鲁士地区状况的研究》(《普鲁士行政管理文献：行政组织(第一册)》)(1894年)

Über Behördenorganisation, Amtswesen und Beamtentum im allgemeinen und speziell in Deutschland und Preußen bis zum Jahre 1713. (Acta Borussien, Behördenorganisation,

Bd. 1). Berlin 1894

8.《社会政策与国民经济学的几个基本问题》(1904年)

Über einige Grundfragen der Sozialpolitik und der Volkswirtschaftslehre. Leipzig 1898. 2. Aufl. 1904

9.《宪法、治理与经济史研究与浅析——特别是17至18世纪的普鲁士国》(1904年)

Umrisse und Untersuchungen zur Verfassungs-, Verwaltungs- und Wirtschaftsgeschichte besonders des preußischen Staates im 17. und 18. Jahrhundert. Ebd. 1904

10.《一般国民经济学概论(第一部分)》(1900年);《一般国民经济学概论(第二部分)》(1904年)

Grundriß der allgemeinen Volkswirtschaftslehre. Tl. 1 ebd. 1900, Tl. 2 ebd. 1904

11.《国民福利与国民经济的社会宪法视角下的机器时代》(1903年)

Über das Maschinenzeitalter in seinem Zusammenhang mit dem Volkswohlstand und der sozialen Verfassung der Volkswirtschaft. Berlin 1903

12.《人物肖像》(1913年)

Charakterbilder. München und Leipzig 1913

13.《社会问题、阶级形成、工人问题与阶级斗争》(卢齐厄·施穆勒编,1918年)

Die soziale Frage. Klassenbildung, Arbeiterfrage, Klassenkampf. Herausgegeben von Luzie Schmoller. Ebd. 1918

14.《1897至1917年间的德国政治:文集与演讲》(1920年)

Zwangzig Jahre deutscher Politik 1897–1917. Aufsätze und Vorträge. Ebd. 1920

15.《中世纪的德意志市镇》(1922年)

Deutsches Städtewesen in älterer Zeit. Bonn und Leipzig 1922

关于施穆勒的文献

1. *Heinrich v. Treitschke*, Der Sozialismus und seine Gönner. Nebst einem Sendschreiben an Gustav Schmoller. Berlin 1875
2. *v. Inama-Sternegg*, Schmollers Volkswirtschaftslehre. (Staatswiss. Abhandlungen, Leipzig 1918)
3. Reden und Ansprachen, gehalten am 24. Juni 1908 bei der Feier von Schmollers 70. Geburtstag. 1908
4. *Otto Hintze*, Gustav Schmoller als Historiker. (Hist. U. polit. Aufsätze, Bd. IV, 1909)
5. Ders., Gustav Schmoller. (Forschungen zur brandenb. u. preuß. Geschichte, 31. Bd. 1919)
6. *Ernst Francke*, Schmoller und die Sozialreform. (Soziale Praxis, Jahrg. 26, 1917)
7. *Arthur Spiethoff*, Schmoller. (Schmollers Jahrbuch, Jahrg. 42, 1918)
8. Ders., Die allgemeine Volkswirtschaftslehre als geschichtliche Theorie. (Schmollers Jahrbuch, Jahrg. 56, 1932)
9. *Heinrich Herkner*, Gedächtnisrede aus Gustav von Schmoller. (Schriften des Vereins für Sozialpolitik, Bd. 159, 1919)
10. Ders., Zur Stellung Schmollers in der Nationalökonomie. (Schmollers Jahrbuch, Jahrg. 47, 1924)
11. *Georg Friedrich Knapp*, Gustav v. Schmoller (Einführung in einige Hauptgebiete der Nationalökonomie.) München und Leipzig 1925
12. *Joseph Schumpeter*, Gustav von Schmoller und die Problem von heute. (Schmollers Jahrbuch, Jahrg. 50, 1926)
13. *Carl Brinkmann*, Gustav Schmoller und die Volkswirtschaftslehre. Stuttgart 1937
14. Gustav v. Schmoller und die deutsche geschichtliche Volkswirtschaftslehre, Festgabe

zur 100. Wiederkehr seines Geburtstages, dargebracht von Albrecht, E. v. Beckerath, Boese, Brinkmann, Clausing, Hartung, Kromphardt, Lütge, Menzer, Mönch, Ritschl, Roeßle, Rothacker, Sombart, Skalweit, Spielhoff, Vleugels, Weippert, Wessels, v. Wiese, Zimmermann, v. Zwiedineck-Südenhorst (Schmollers Jahrbuch, Jahrg. 62, 1938). Berl. 1938

附　录

施穆勒与《一般国民经济学大纲》
——一位没有过时的大师[1]

约尔根·巴克豪斯

导　论

自施穆勒去世后已经经历了两个世代，他今天以两种不同的面目出现在我们面前：一方面，我们主要从教科书里得知，他是经济学史上不可能再达到的最低谷；另一方面，我们又每天在现代福利国家的种种现象里，接触到他的毕生成就。除了出生和去世的日子，前一个和后一个施穆勒几乎没有任何交点。

如今，在一个比较好的大学里，处于高年级的经济系学生能学到什么样的关于施穆勒的知识呢？对此，我们可以在埃克隆（Ekelund）和赫伯特（Hébert）广为流传的教科书里获得极好的印象。这本书中写道：

> 新历史学派经济学家不去欣赏罗雪尔的《原理》走向没落时的落日美景，却错误地认为它是朝阳。尽管很多学者一头扎进历史研究的海洋，但没有人及得上声名狼藉的古斯塔夫·施穆勒——新历史学派的领袖。

1　作者约尔根·巴克豪斯（Jürgen Backhaus）教授为德国埃尔福特大学（University of Erfurt）退休教授，财政学、财政社会学、经济学思想史专家。原题“Schmollers Grundriß - ein aktueller Klassiker”，译自 Jürgen Backhaus/Yuichi Shionoya /Bertram Schefold, *Vademecum zur einem Klassiker zu der historischen Methoden der ökonomischen Wissenschaft*, S.31–54, Düsseldorf: Verlag Wirtschaft und Finanzen GMBH, 1989。原文为德语，文章的翻译经作者授权。——译注

> 施穆勒把罗雪尔的历史主义推到极致，他主张一切为人们接受的经济分析——它们主要源于李嘉图——不但是无用的而且是有害的（大概因为由此得来的社会推论不符合施穆勒的口味）。施穆勒在方法论争论里划下了一条清晰的界限：相对于德国学派的历史—归纳方法，他把古典经济学家和新古典主义的奥地利学者（尤其是门格尔）所维护、运用的方法，认定为一种抽象、演绎的论证方式。
>
> 施穆勒严正地提出，当前为大家所接受的理论——它们依赖于非现实的假定、高度的理论抽象以及对互相关联的重要事实的忽略——应当被全盘抛弃。而由之产生的缺口，最终将由历史发展的规律所填补——施穆勒在他大量的著作中，包括在庞大笨拙的《一般国民经济学大纲》里，试图对这些规律进行阐述。[①]

这并不是一个新现象。在施穆勒逝世不满十年的时候，熊彼特在施穆勒年鉴里发表了一篇当时备受关注的文章，他试图抵制这种对施穆勒的奇特的双重化理解——该现象在经济学思想史中恐怕是独一无二的。[②]而在一个世代之后，艾尔温·冯·贝克拉德（Erwin von Beckrath）又以几乎无法超越的明晰性评论道：

> 今天，施穆勒具有引人注目的现实意义。他作为一种思潮的典型留存下来了，似乎怎么被尖锐批评都不够。跟莱辛（Lessing）在他著名的箴言诗里所描写的Klopstock（德国诗人）不一样，他不是受到颂扬，而更多的是遭到谴责，但是他的作品却极少被人阅读。那些“纯理论”的代言人——这种向理论的转向本身是合理的——以及在二战后培养出来的年轻学者，常常在施穆勒身上看到一个严重损害了德国经济学的理论败坏者形象。人们似乎不会想到，如果由施穆勒所引入、促进的转变没有强大的精神源泉的滋

> 养，单凭一个人的权威，怎么可能把一门科学诱上歧途？论争的焦点是指责施穆勒从根本上“敌视理论”，而这种方式使他成为杜撰世界的一个角色。③

只要肯花一点点时间研究《大纲》，每一个人都会清楚，那些以此批评施穆勒的人根本没有读过他的作品。顺便一提，前面所说的美国教科书作者们毫不忌讳这一点。他们明确地援引另外一本有关的教科书，而不是任何一段原文。艾德加·萨林（Edgar Salin）也许为这类忽视原文的治学方式提供了一种解释——他把《大纲》称为“无法克服的高山”④。他的评价并不为所有人认同，否则这部巨著就不会被大幅度修订了。1923年，它的经过重新修订和扩充的第二版面世，发行了15 000册。1908年，施穆勒满意地听说，这本书的法语版在六年间已经卖出了6 000册。⑤施穆勒认为《大纲》之所以没有被译成英语，“是因为我的表达方式和写作风格恰恰无法以这种语言再现”。这种状况在长期以来造成了极大的损害，因为若非如此，教科书作者们所描绘的施穆勒的肖像就不会有人相信。当然，直到20世纪二三十年代，许多美国经济学家仍然通晓德语。那时候，施穆勒的作品通过相关的专业文献中细致的评论广为人知（例如在《政治经济学期刊》[*Journal of Political Economy*]中）。只是到二战结束之后，当美国的大学不再把外语知识作为博士生的录取条件，英译本的缺位才成为了无法跨越的障碍。当然，最近奥布赖恩（O’Brien）展示了，施穆勒的文字其实可以被很妥帖地译成英语。

这篇文章的目的仅仅是依照《大纲》一书里的原貌介绍施穆勒的学说，并纠正对他显而易见的歪曲。因为施穆勒把生命的最后几年几乎全部奉献给了《大纲》的新修订版，所以我依据的是这个第二版（1923年出版，本文一律简称为《大纲》）；同时我尽量详细地摘录原文，因为它与此次再版的第一版可能不尽相同。正由于对施穆勒的误解广为流传，我认为非常重要的是，倾听施穆勒在对“支持”与“反对”进行认真考量以后所发表的最终见解。

下面的评论主要由三个部分组成：首先，我会在这个问题的一般意义上说明，为什么在今天施穆勒仍有现实意义；第二部分通过详细分析《大纲》一书来介绍“施穆勒纲领”；第三部分把施穆勒跟几位同时代人做比较——主要是帕累托（Pareto）；在结语部分，将就施穆勒被接纳的情况做若干总结性的思考。

一 施穆勒在今天

如果我们要在下面谈施穆勒的“现实意义”，那不是指开始时提到的，即贝克拉德所说的那种“奇异的现实性”。我们不讨论在教科书里出于科学权谋的需要而被歪曲的施穆勒的形象，而是本来的施穆勒——正如他在作品中向我们呈现的那样。今天我们对施穆勒的兴趣，不仅仅出于对这位长久以来被误解的大师理所当然的再认识。倒不如说，在当前这种兴趣具有更实在的内容，这同时涉及他的理论本身以及国民经济学理论的当前状况。今天，施穆勒能教导我们一些重要的东西，主要是因为他强调了六个分析的视角。考虑到当今经济理论的现状，我们已经不能再绕过这些视角，或者说，经济理论研究已经不能再绕过它们了。但显然，现在大家并没有重视这些视角与施穆勒的准备性工作的关联，甚至还根本未意识到它们。

我认为这六个特别重要的、决定性的视角是：

1.国家处于经济分析的中心位置。现今，在根本上国家是一个最重要的经济要素，而国家机构的决策过程与其他经济参与者存在系统性的区别。因此今天我们实在很难想象，可以在构造理论的时候，把国家的经济行为视为例外，而不是作为经济事件的有机组成部分来处理。⑥施穆勒这样表达这个观点：国家在根本上现身为一切高发展水平的经济活动的前提条件。因此施穆勒认为，国民经济学作为一个科学门类，是与发展成熟的大型国家同时产生的——后者为比较复杂的市场过程提供了背景条件（参见本文第二部分的引言)。

2. 对行政管理的科学研究是国民经济学的有机组成部分。凭借这种洞见,施穆勒创建了作为独立学科的行政管理史,并预见了它在未来的发展——尽管这种发展在他的时代已初现端倪,但是直到今天才变得有目共睹。由大学培养出来而又没有选择教育工作的经济学家,大多数会从事国家的行政管理工作。这是一个远远越出盎格鲁-撒克逊用语"规制经济学"(economics of regulation)的领域,它在近年获得了空前的繁荣发展。

3. 施穆勒是倡导极端跨学科性的先驱,他认为所有的社会科学——也包括部分的人文科学——都能对经济学研究做出有益的贡献。他也不忘指出,一个如此广阔的理论起点将对科学的预备性训练提出极高的要求(《大纲》第112页)。如果谁有机会观察到,在近20年里,为了复兴跨学科性出现了多少各式各样的研究与学习项目,就会赞同施穆勒的看法。

4. 对我们来说,目前施穆勒之所以显得重要,还因为他强调了下面两者之间的相互联系:一方面是法律秩序——除了法律条文以外,施穆勒把道德和习俗也纳入这个范畴,并区分了它们对市场事件可能产生的极不相同的作用;另一方面是那些纯粹的经济过程。只有从这个角度——我们近 20 年在"新法律经济学"的框架内又发现了这种联系——我们才能理解到,施穆勒在他的经济学中赋予了"制度"一个何等重要的位置。

5. 制度分析可以通过比较具有相近作用的不同组织形式实现。今天这种比较可以意味着对同时期的不同经济系统的比较,也可以是历史性的,即比较同一制度的历史演变过程。目前,这个视角普遍地限定了产权法理论以及"新经济史"——后者特别着眼于制度演变的历史——的研究大纲。

6. 当前,不同领域的经济分析都试图把技术革新重新纳入考量。谁要是翻一翻《大纲》,就会马上看出,施穆勒其实早就开始注意技术变迁问题了。事实上,一些对施穆勒来说意义重大的经济学领域曾被后人所忽略,现在又重新获得我们的关注,技术经济只是其中一个例子。与之相类的例子有很多,这里只能再提几个:如企业理论、环境经济学,以及经济学的与生物演化的解释模式之间的关系。[⑦]

二 施穆勒纲领

翻阅一下《大纲》就会马上注意到，它的导论跟一般的教科书大不相同。作者自己这样解释：

> 过去把素材划分为生产、交换和消费，是与19世纪初自然法、官房主义思想世界的科学观点与科学要求相符的。但依我看来，它现在已经显得陈旧和不恰当；现代的哲学—历史方法一方面结合了伦理学和社会学，另一方面又纳入各种自然科学知识，如此一来，它就必须寻找一种新的划分方式。（《大纲》第126页）

施穆勒的规划的独特之处是，他在《大纲》中没有从私人产品开始分析，而是从公共物开始，对现代读者来说，这确实非常令人吃惊。虽然在一开始，他把国家放到国民经济分析的中心，但他马上又指出，“国家”和“集中”、“私人”和“分散”这些概念不是互相归属的，因为私人经济也具有中央的也即集体性的大型机制。

> 无论在国家还是在国民经济之中，存在着一个众心理力量的统一体，它不依赖于外部的组织而运作；在国家和国民经济内部发生着无数的过程，它们却没有来自一个有组织、有意识的中央机构的调度。国民经济体也有一些中央器官，例如政府的财政、大型银行、集中的交通运输系统、经济性的代理机构、管理贸易和农业的部门。不过它们不像国家机构那么为数众多和那么集中。（《大纲》第6页）

连“公共物品”和“私人物品”这对概念也被明显地跟“公共的”和“私人的”区分开来。第一种在书中被详细探讨的经济物品——同时也是一种公共物品——就是语言。从今天的角度看，这是一个极其奇特的例子，但是国家却确实没有插手它的产生和维持，而它的生产也不必为了防止供应不足而需要一个强制性的组织。相反，语言的生产成本依其使用被负担，语言的维护是自愿、自发的。这是一种“公共资源”(《大纲》第 11 页)，所有人都从中汲取营养，所有人都为此做出贡献。因此选择这个例子是异常巧妙的，因为语言恰恰属于那类公共物品，它们以完全的非竞争性为标志。与之相反，语言恰恰依靠各种各样的人的使用而得以生存。

如此一来，施穆勒把语言与文字（后者容许了错综复杂的交流）认定为前提条件，它们使以市场为中介的劳动分工得以实现。那在此之后，他把国家的教育事业——这在导论中论及语言时（《大纲》第 13 页）已经被提出——看作首要的公共任务，就一点都不奇怪了。

因为这样一篇短短的评论不可能讨论《大纲》所提供的全部思想财富，评论自然不能代替对《大纲》的阅读，而只能引起阅读的兴趣。以下，我主要想从四个维度探讨“施穆勒纲领”，即历史的维度、伦理—道德的维度、经济政策的维度以及实证经验的维度。

历史的维度

施穆勒把国民经济学视作动态的，把经济看作一个复杂的过程，而这个过程只有在流动中才能被把握。这点可以从他对这个学科的定义，以及从他对其素材所提的问题看出来：

> 因此，如果我们想要考察一个单个国民经济体的具体特征，我们虽然首先会探询该国的规模、地理位置、土地、气候，探询它的自然资源以及天然的交通工具，但更重要的是，我们马上会了解到，该国的人民如何使用这些自然的馈赠，如何通过各种手段使之

成为可利用的。我们希望知道人口的规模、密度以及现有的资本数量；还有人民的精神与道德特征、技能情况；他们的道德习俗和需要是如何发展出来的；他们如何在家庭、农庄、村落、城市中被组织在一起；财产和资本的分配情况；劳动分工与社会阶级的形态是如何形成的；市场活动、商业、金融业是如何安排的；国家财政、国家经济制度是如何影响各个经济单位和整体的经济进步的。（《大纲》第5页）

这是一个雄心勃勃的计划。通过简单的几句话，一些最困难的理论方案被互相联系在一起。自然财富与人力资本（施穆勒所说的“技术培训”）、社会组织（生产、再生产、交换只有在它们之内才能进行）、经济制度（活动）、私人或公共的金融事业、法律与社会规范（“道德习俗”），它们被一并考虑，不是为了解释现存的状况，而是为了解释“经济进步”的过程。

跟他对经济学研究对象的重新定义一样雄心勃勃的是，施穆勒向国民经济学提出了七点要求。第一，国民经济学应该首先描述和定义国民经济现象；第二，凭借经科学定义的概念，为这些现象的整体及个别描绘一幅真实可信的图画；第三，把这些现象作为一个相互联系的整体，以及作为整个人民生活的部分来理解；第四，以原因（因果地）解释个别现象；第五，在此处，我们再次明确地直面历史的维度——我们要学习理解国民经济的发展过程；第六，尽可能地预见未来，也就是对将来的事件进行预测；第七，为我们寻找未来的经济政策，铺设一条康庄大道（《大纲》第77页）。

这些特征的精确性与今天的标准大不相同。现在，我们常常会碰到一种强加给我们的规定，即像数学一样，我们也应该把国民经济学的定义当成是纯粹的约定来使用（对照上述准则 ）；模型无须是现实的——只要它们能够提供正确的预言（弗里德曼［Friedman］）；而现代经济理论的长处恰恰在于它跟其他社会科学的这种区别。在国民经济学中，因果解释是不可能的，能够被研究的只有理论模型的性质（对照准则四）；直到今天，人们才犹豫不决地重新回到这种尝试：在制度的发展变迁中去理解它们（对照准则五）；某些经济学学派完全放弃了预测（对照准则六），以及任何超出解释决策过程——即决策如何在具体的政策情景和机构中产生——的理论，转而寻求另一种经济政策理论，这种理论能够在科学的基础上，规范性地处理整个国民经济及它的所有制度（对照准则七），在大部分有声誉的大学中，这些理论却在教学大纲中消失了。然而，恰恰是上述七条相互配合的要求，向我们提出了问题：即使我们今天希望把"施穆勒纲领"变为现实，但是考虑到它的高要求，这是否真的可能？哪里可以培养出这样一批经济学家，比如说，让他们拥有坚实的、跨学科的知识，能够满足第三条准则？

施穆勒写入著作的规划，其极端性常常令我们震惊。众所周知，亚当·斯密在《国富论》的开篇就提出一条核心原理："劳动力需求的大小受限于市场的规模。"施穆勒却更进一步。他想要展示，所有市场过程都以一些制度的存在为前提，这些制度能够使复杂的信息顺利地传播。我们在文章的一开始已经看到，作为一种公共产品，语言在此扮演了一个特殊的角色。因为只有文字才允许了复杂信息的有效传播，所以图书市场就成为《大纲》首先探讨的市场。施穆勒详细地探讨了古典时期的各种图书市场，尤其是细致地描述了古罗马时期的图书市场，还有使它得以完善的公共图书馆系统！（《大纲》第13、14页）

施穆勒对国民经济学的七条要求出现在一大篇理论思想史演说的开头，他把它放进了《大纲》的导言之中。然后他系统地运用了这些准则，对经济学思想史中不同重要作者的贡献一一进行评估，并且很快就论及李嘉图。前文引述的埃克隆和赫伯特教科书里的广为接受的观点，明显就是认为，施穆勒从根本上对古典经济学持否定态度，尤其是对李嘉图。事实上，在《大纲》里我们常常读到关于斯密的段落，而且主要是表示赞同的。与之相反，关于李嘉图我们可以读到下面的话：

在英格兰，李嘉图……试图从斯密尚算广博的阐述中，剪裁

> 出他作为银行家和财主觉得理所当然的东西，由此——同时也根据他的经商经验——推演出一套收入、货币和价值理论。这套理论具有一定的洞察力，凭借一些一般性概念和抽象原理进行操作，它一方面是对斯密的思想更具逻辑性的表述，另一方面带来了一些歪曲、错误的，不再具有实证基础的推论。（《大纲》第92页）

读者也许可以自己判断一下。施穆勒赞赏李嘉图对斯密著作的系统化阐述，却批评他忽略了经济中一些重要的相互联系，以及他远离可证实的经验知识的倾向——这导致了“模型思维”的泛滥。被指责的几方面就是经济学家所熟知的“李嘉图恶习”；现在初学者被警告，别跟过去的大师一样，再犯这些错误。

这七条要求构成了施穆勒的方法多元主义，缺少了这种方法上的多元，历史分析的计划也许就无法实施了。与今天的经济学家不同，除了运用数学方法（《大纲》第109页）和广泛使用统计数据及方法，他还强调了语言学的研究方法，恰恰是这些方法在历史科学里，以及在法律和宪法史中带来了巨大的成果。

> 不仅仅是其方法、判断方式和文献学被应用于所有其他精神科学（施穆勒把国民经济学也归入精神科学之列——引者注），对于一般因果联系的理解力也依赖于它；谁受过这门学科的浸淫，就不会再满足于旧自然法思想干巴巴的唯理考察与推论。（《大纲》第109页）

然后他又把目光投到国民经济学之上：

> 此外，真正的经济研究无法再墨守成规了；与先前大不相同的是，人们走进工人的小屋、作坊和工厂，描绘家庭财政和农庄状

> 况。大量严谨的学者联合起来，以研讨会、调查、作品结集、专业期刊等形式进行合作研究，并取得了巨大的成绩。这种合作早先大概只在本笃会的修道院里出现过。人们最终获得一种洞见：无论是亚当·斯密、李嘉图还是马克思，都是以一片极其狭窄的经验领域作为其理论出发点的。(《大纲》第117—118页)

这条评语也让我们了解到作为科研工作组织者的施穆勒，他自己直接承担过许多这类协作性研究计划，却似乎并不需要为此组建一个高成本的行政机构。

伦理—道德的维度

对施穆勒来说，伦理问题扮演了最重要的角色，而在他的著作中，这类观点也经常被误解，就像开头提到的那本教科书所说的那样。施穆勒从来没有混淆“既定事实”和“发展方向”。他的经济学包含两者：事实描述与经过论证的经济政策法规。但伦理道德在施穆勒作品中的角色却不仅限于此。因为研究一个民族或者一个职业群体的伦理道德，能开启我们对其行为的认识。非常明确的是，施穆勒不仅对约定的制度和成文的法律感兴趣，他还清醒地意识到不成文的规则对人类行为显而易见的、决定性的作用，于是他把这些内容也包括在他的研究里面。在施穆勒那里，处理这些内容的方式会令今天的我们惊讶，因为它对我们来说是非同寻常的。我们可以在他对通货膨胀的缜密研究（同时是非常有预见性的）的结尾处，找到一个典型例子。他以这些话做总结：

> 值得期望的是，一个文明的政府将越来越少地并且以越来越小的规模，运用这种对国民经济和财政而言都是灾难性的手段。

在这个语境下“文明”是什么意思呢？他利用这个词语表达了一种思

想：成文的法律对通货膨胀——作为由糟糕的财政政策、危机或战争引致的“拼死一搏的财政手段”——是束手无策的。在那种危急状态下，政府总能为绕过某些法律找到合法的手段。不过经验却能起一定的补救作用,如对经济上的相互联系、货币贬值的后果的更好的认识，以及通过不成文规范与约定表达的、抵制货币贬值的意愿。很明显，这不是对所提出的问题的经济学解答；但是约定俗成的力量也会带来经济后果，因此在施穆勒看来，对此的研究也包含在《一般国民经济学大纲》的范围内。

此外，在经济学研究领域的广度上，施穆勒与亚当·斯密是一致的。施穆勒深深地意识到，人们对斯密学说的接受是非常片面的，因此他试图使读者了解到这些重要的区别。下面的引文特别清晰地表达了他对斯密的评价——这类评价我们可以在《大纲》的不同章节读到：

> 像斯密这样一位卓越的心理学家和伦理学家——此外他也是唯物主义理论（如曼德维尔［Mandeville］、爱尔维修［Helvetius］——著者）的反对者——我们只需提一提他的研究成果：如所有人自然地倾向于追求自己的利益，以及他乐观地赞颂这种倾向通常能带来的福利。他还有一大批追随者：早期有边沁领导下的英国经验主义者们；之后是比较死板、非哲学化的德国官房主义者，如劳和洛兹，他们得出一种一般性理论，认为自私（Egoismus）、自利心（Eigennutz）、自我关注（Selbstinteresse）或者逐利（Erwerbstrieb）是国民经济学的唯一基础（这几个虽然近义，实际上却并不一致的词，往往被人们混为一谈。——著者），因此，我们的学科至少应当研究这种欲望的后果。（《大纲》第32页）

这肯定不是施穆勒自己的观点，因为非自私的冲动也会带来重要的经济后果。这点在施穆勒一篇论述“公平”概念在政治经济学中的地位的文章里，表现得特别清楚。美国政治和社会科学学会的编辑们觉得这篇文章如此重要，因而翻译并发表了它。[8]对一个“公平秩序”的观念——他在开头就这样断定——无论我们同意还是反对，都在实践中影响了我们的经济生活。它在一些重要经济制度的形式中表现出来，例如在税制里。因此我们不可能忽略它。此外，施穆勒在《大纲》中概括了这份研究[9]的主要思路：

> 另外我尝试更准确地分析和说明这种心理—社会过程——只要它与经济生活有关——还尝试解答下面这些问题：一方面是比较复杂的经济过程，另一方面是对“公平”的更高级的感觉与更成熟的判断力，这两者的逐渐形成如何不断地催生出其他实践的后果？固定成型的、在广泛的阶层中赢得统治地位的公平尺度，如何能够逐渐地塑造意定法（Positives Recht）和制度的？一切法律条文的形式边界与其他最高道德理念的同时介入，如何一直约束着“公平”的可行性？最主要的是，我力图指出，公平的思想更多的是个人主义的，因为它想要替每个人划定什么是“自己的”东西，它往往不会把全体的要求和目标放在首位，因此对“公平”理想化的要求往往不能在意定法中实现。在此，我无法复述这项研究的细节，也不想重复论证下面的问题：为何各种各样的人、阶级、党派总是很容易对“公平”有不同的感受和评价。（《大纲》第75页）

在这里，施穆勒用自己的语言做了概括。他主要强调了，道德思想如何影响经济和社会过程的问题，对他而言有多么重要。他在另一个地方（《大纲》第57页）为我们展示了习俗、道德和法律的相互作用。只有对习俗、道德和意定法的区分才使得法律降格到对社会而言必需的程度（！）。当一个群体在其被限制成最小化的法律空间里，能够灵活地运用社会道德规则，那样企业创新所必需的自由空间就被创造出来了。缺乏了这个条件，经济的进步就是不可想象的。我们可以看到，对习俗、道德和法律的区分正是企业内部经济进步的必要条件。

我们可以在他对企业理论的思考中，找到施穆勒如何处理这些制度变量的另一个例子。R. 科斯（Coase）向经济学家提出一个核心问题："在何种情况下，物品的交换不是在一个企业的内部而是在市场上发生?"施穆勒早已通过探讨不成文规则的产生做出了回答：这些规则确定了人们在一个组织内的相互合作，并因此使交换变得可能。在此，生产过程仍然扮演一个重要的角色，因为不成文的规范、惯例是围绕着生产技术发展出来的。例如，这造就了职业的分野。

当施穆勒进一步阐述这个观点，并展示人类的经验如何一代一代地储存在制度里面，又如何因为这些储存下来的经验，而对新技术的引进产生不同的反应时，我们会想到后来的哈耶克（Hayek）。下面的引言也许能让我们了解到，施穆勒是如何把新技术这类现实问题嵌入他的分析的：

> 过去年代的所有社会道德经验通过习惯和教育，通过现存的制度被一代一代地传承下来，左右国民经济的一切自然力量仅仅在这个制度框架内才能产生作用；而当这些力量适逢其时地参与了改变现存社会架构的过程——例如一种新技术无疑会在国民经济之内带来一种新的社会、道德秩序——那些被普遍认可的伦理观念和道德理想，肯定又会反过来对此发生影响：该新技术如何以习惯和制度的方式表现出来。每一代人都依赖过去的精神—道德遗产。对这份财产的传承——如对年轻人的教育以及让他们熟习社会道德、惯例的训练——正是社会道德力量的其中一个最重要的职能。假使没有这种教育和熟习过程，整个国民经济就是不可想象的。……如果没有这个过程就不会有社会进步，当然也不会有经济进步。它把自然力量的原始游戏纳入一个有序的进程，在其中它们成为一些被道德所调和的、服务于社会协作的力量。（《大纲》第61页）

经济政策的维度

施穆勒与经济政策维持着一种密切的关系，用他自己最喜爱的表达方法来说——这是一种“复杂”的关系。从今天的角度，我们可以说施穆勒在经济政策上发挥了巨大的影响。“施穆勒纲领”凝聚在与每个人息息相关的现代资本主义福利国家的制度里。因此，现在居然能发展出一种经济学，它把那些对整个经济秩序来说具有决定性意义的组织充其量只置于理论的边缘位置，这就愈加使人惊讶了。[⑩]施穆勒与经济政策的关系之所以复杂，是因为这至少包含三个不同的维度。不过我们首先会想到，却不属于这三个维度的一点是：施穆勒与经济政策密切相关，但他对经济方面的日常政治却保持着冷静态度。在《大纲》里面，我们可以发现许多提示，指出他评价经济学家的其中一条标准，是能否跟日常政治保持必要的距离。[⑪]施穆勒持一种观点，认为一个与日常政治纠缠不清的经济学家，他的研究工作必定受其左右。但是另一方面，施穆勒又认为，经济学家不但要研究和提出有用的经济制度，而且要促使它们得到实现——正如他对经济学的第七条要求一样。为了这个目的，施穆勒创造了特定的机构和方式，他之所以做出这种实践，无疑是希望对经济政策实施影响。第三，施穆勒认为应该以目的论方法分析经济制度。这意味着，人们只有认识到一项制度的功能，即它存在的目的，才能正确地理解它。

我们要恰当理解施穆勒的著作，必须先把他的作品里面的这几个不同维度区分开来。如此一来，我们也就能够抵制许多流行于世的关于他的作品和影响的误解。很经常地，人们会听到一种对施穆勒式经济政策的论断：这种经济政策在德国发生通货膨胀的年代导致了大崩溃，因为由历史学派训练出来的经济学家对通货膨胀现象一无所知、束手无策。但是我们却可以在《大纲》的第三册找到对温和通胀和恶性通胀的深入描述，它不但阐述了历史上的通货膨胀现象，而且仔细地依次讨论了其配置效应和分配效应，以及货币改革的各种形式。此外，对外贸易和国内经济的视角被详尽地处理，价格构成的过程及其后果——主要是对投资行为的影响——被分部门和分地域进行探讨；他又说明了进口港和内地的区别，指出由于特定的价格形式——如不同的收费和税收——通胀会有不同的发展，它们各自又会带来不同的后果。总而言之，他描绘了一幅非常生动的恶性通胀的图画，使我们觉得，这个段落仿佛是在超级通胀发生之后，而不是之前写就的。

在经济政策方面，施穆勒主要是作为一名经济学家，通过他在不同的学会、机构里富有活力的合作研究发挥其影响，而其中一部分工作则由他亲自承担；他的研究项目主要涉及如何促进社会、经济制度的变革。在这些工作中却有个恒久的、必须克服的矛盾：一方面，施穆勒看到自己应该避免出于日常政治和利益而进行的批评；另一方面，他又拒绝那种反调，即出于进一步专业化的要求，试图把科学要素从政治中分离出去。[12]这种冲突常常在他的许多精心写就的著作中反映出来，这却只为某些人所真正理解——例如舍恩（Schön）就通过研究施穆勒的书信，系统地重构了他的作品的写作背景。

关于施穆勒的历史制度研究对目的论方法的运用，人们总是说，他把出于经济或社会政策动机的目标附会到历史制度之上。施穆勒自己非常清楚这种危险，因此我们必须拒绝笼统地接受这种批评，尽管它在个别情况下是有道理的。施穆勒概括地对此表达过清晰的态度：

> 自然，当有越多规模更庞大的描述性研究，把通过分析得来的单个判断概括成综合命题，当它们越从基本的局部分析向因果的、互相关联的分析推进时，我们就越能够设想，只有最有经验的专家——他同时也是一位卓越的艺术家，能以简练的笔法勾勒出一切最根本之物——才能达到完善之境。这样的智力活动涵盖全部的科学；对一个国民经济体、一种经济制度的完美描述——它同时也是一种因果解释——常常必须部分地包含假设性和目的论的要素；然而在名家的手中，它却不失严格的科学性，因为它极大地接近于真实的知识。（《大纲》第103页）

实证经验的维度

"施穆勒纲领"是一个不知疲倦的经验主义者的构想，他打算把一切能够获得的事实作为研究的基础，并在研究中运用多元的方法，它对一般经济学家而言无疑是太苛求了。因为经济学必须在大范围内、在实验缺位的情况下进行研究，所以施穆勒主张认真地描述各种制度，并且对具可比性的制度进行比较（《大纲》第103页）——或者比较不同的社会制度，或者研究单个制度的历史发展。他也支持使用数学方法（《大纲》第109页），他推荐大家运用复杂的统计方法——在他的时代，这些方法刚刚由一些同时代人（吕梅林、巴罗特［Ballod］）发展出来；不过他又不忘指出，在运用定量分析的同时，必须使用定性分析（《大纲》第116页）。施穆勒明确地表示使用演绎方法是一种进步，然而演绎方法对不同的科学的适用程度却各不相同：

> 因此，众所周知的事实是，一些比较简单的科学——如数学、力学、天文学——已经大部分或者全然使用演绎推理；对一些最基本的经济现象和市场现象而言，也最适合运用演绎方法进行分析。所以随着时间流逝，所有科学都渴望尽可能地朝着演绎化方向发展。（《大纲》第111页）

不过施穆勒却不认为经济学已经发展到这个程度。因为经济学还必须超越对市场力量的描述。追求方法的多元是施穆勒的重要特征，他对这种要求做出如下解释：

> 由于材料的复杂性，当然并不存在观察经济现象的唯一方法。对不同的材料，我们必须运用能够让我们走得最远的手段，即让我们获得最正确、最真实、最完整的经济事实和真理图像的方法。（《大纲》第104页）

只有通过运用多元的方法，并系统地充分消化吸收相邻学科所完成的准备性工作，才能得到施穆勒所说的原创的经济学知识。这个立场导致了极端的跨学科性，它不但包含众社会科学，也深入到各种精神科学的领域，因为施穆勒也赋予了心理学方法特别优先的地位。此时，自然科学却没有受到忽视，不过对施穆勒而言，物理学研究并不是经济学研究的榜样。

三 施穆勒在他的时代

施穆勒把自己视为旧历史学派开创的学说的继承者，他还在新历史学派（他使用了这个称谓）的工作中看到了明显的进步：

> 新历史学派与他（罗雪尔——著者）的区别在于，新历史学派并不急于总结一般性的理论，它更强烈地感觉到一种需要，即从多维度的历史数据收集转移到对某一历史时期、民族和经济状态的专门研究。它首先要求通过经济史的专著，在现代的专题研究中追溯该专题的历史根源；它更愿意首先解释单项经济制度的形成过程，而不是整个国民经济或者世界经济的演化。它以法制史研究的严格方法为出发点，但同时通过旅行和实地调查补充书本知识以及深化哲学、心理学的研究。

此处，施穆勒对大而无当的猜想和二手知识委婉然而坚定地进行了批判。

为了平衡他的言论，他又对奥地利学派——尤其是门格尔——发表了看法：

> 而那些看起来跟大部分德国研究者相对立的奥地利学者（特别需要提到的是C.门格尔……和E. v. 庞巴维克［E.von Böhm-

Bawerk］……），虽然首先在旧学说的基础上试图进行抽象的演绎探究和概念分析，但他们同时也运用他们新的价值理论——类似于英国的杰文斯——以经验为依据，在心理上更透彻地把握了某些价值和市场过程，并且在某些问题上更正确地解释了真实生活。

施穆勒绝没有对模型思维满怀厌恶。他只是坚持，所有模型都必须建立在经验基础上。他恰恰把约翰·海恩里希·冯·屠能视为国民经济学研究者的榜样。他还把这种描述跟一个富有成效的经济学研究策略的范例联系在一起：

在（与J. B. 李斯特的）同一时代，屠能为严谨的当代专题经济学研究创造了一个范例。他胸有成竹……细致地观察、描述了在现实中农业生产者如何依赖于市场和运输成本，他出色地选取了这些关系中的最本质部分，去除了次要的因素，并凭借一幅思想图像——一个拥有唯一城市中央市场的"孤立国家"——展示和深入探讨了这些根本的关系。如此，当他考察一种因果关联的时候，会先把它隔离出来，单独地研究，然后又把它跟现实中的状况相比较。对这种模式化、隔离性的考察方式的运用是科学取得进步的最重要手段之一，但条件是使用该方法的研究者必须具备把重要因素跟次要因素区分开来的能力。（《大纲》第118—119页）

如果我们把施穆勒的研究方式与现代一般均衡理论的设计师维弗雷多·帕累托的研究方式相比较，他在他那个时代的现代性就最为一目了然了。这种比较对我们来说尤其陌生，因为在思想史的文献里常常可以读到一则对经济学家影响甚大的逸事，它恰恰试图表明这两位人物的巨大差别。这里我想摘录一段艾瑟曼（Eisermann）的描述："在一则著名的逸事中，自觉一副内阁大臣派头的古斯塔夫·施穆勒——德高望重、薪酬丰厚的柏林国民经济学教席的拥有者，在瑞士召开的一个学术会议上，根据他所代表的德国历史学派学说，刚刚以加强的语气宣布根本不存在什么经济定律。帕累托人微言轻，只能在会后借机予以机智的反驳。他的穿着如此破旧不堪，以至于被施穆勒认为是乞丐。他在大街上与施穆勒搭讪，并问道：‘尊敬的先生，请问您知道城里有能够免费进餐的饭馆吗?’施穆勒回答：‘能免费进餐的饭馆一家都没有，好朋友，但是我知道一家非常经济实惠的。’帕累托惊呼道：‘那经济定律确实是存在的!’然后便笑着走开了。”

这则逸事非常具有误导性，因为它不但强加给施穆勒一个他从来没有认同的立场，而且虚构了他与帕累托之间根本不存在的对立。事实上，施穆勒一直在寻找经济学的定律。但当然，任何的规律性——像收入分配定律——无论在它刚刚被发现的时候抑或在今天，都一样是有争议的。让我们看看，施穆勒究竟如何看待经济学定律：

> 对于市场或流通活动以及人口发展方面比较简单的过程，还有经济发展的大致趋势，我们已经有了相当准确的认识。我们知道，在文明程度相近的不同国度里，出现了一些非常相似的基本的经济过程和社会组织。在这座建筑的最基础的那几层上，我们有能力做出某些预测，这种能力不应被轻视。在我们承认我们并不了解历史性定律的同时，我们也会谈论国民经济定律或者统计定律。当然，后者往往只是意味着那些有规律而且典型的重复出现的现象序列：这是所谓的经验定律，因为它们的因果关系还没有被揭示，或者至少未能被量化衡量。真正的定律，即我们不但了解其稳定的作用机制，而且还能量化测定的因果关联，即使在自然科学的领域，我们也仅仅认识到少数几条。我们可能永远没法以量化衡量的方式来把握各种心理力量。但显然有个常见的现象，就是我们喜欢把国民经济学中发现的因果联系也称为定律。在这类“定律”里面，人们至少尝试了通过按某个常量或比例变化的那些数量事件，来衡

量各种心理—社会力量的聚合作用。我可以举出的例子是“人口定律”“工资定律”“价格定律”“地租定律”这类表达方式。(《大纲》第110页)

虽然与他的朋友潘塔莱奥尼（Pantalconi）不同，帕累托在《大纲》里面没有被提及，但是我们确实能找到两位经济学大师的一些令人注目的共同点。在此我只想提出以下六点。第一，施穆勒和帕累托的研究策略都包含极端的跨学科性。在他那些表面上纯经济学的著作里，我们已经可以发现帕累托经常探讨一般社会科学的问题。在《政治经济学手册》一书里，这些论述占了很大篇幅，而且帕累托还尝试围绕纯粹经济学建构一门结构上完全不同的一般社会科学，以解释那些比较复杂的过程——主要是非市场的决策，因为它们具有经济性的后果。至于施穆勒的方法多元主义和跨学科性，我们在前面已经详细说明过。第二，他们都强调法律、习俗和道德三者对个体或群体的相关经济行为的影响，以及这些制度的形式。为了这个目的，帕累托创造了他的派生物理论。尤其是，他想要借助它对人类社会的思想、伦理、习俗和法律观念中的变迁进行分析。第三，施穆勒和帕累托都特别强调心理学对解释经济相关行为的重大作用。“心理学是我们研究一切精神科学的钥匙，包括国民经济学。”帕累托更进一步，他发展了自己的心理学理论——剩余物理论，他把它用作自己的一般社会理论的基石。第四，帕累托和施穆勒都完全赞同，必须使用一切可获得的材料来构筑国民经济学理论的经验基础。帕累托梳理了古典时期及其生活时代的历史，他既运用古代的材料，又使用当时报纸片断。施穆勒也利用旅游见闻进行分析，正如之前所见，他还主张自己收集第一手的材料。毫无疑问，《大纲》要求读者具备有关古典时期历史的知识。第五，两人都希望国民经济学能彻底地成为一门经验科学，而这是来自于前人的观点。第六，两位经济学家都拒绝我们今天所说的（根据汉斯·阿尔伯特［Hans Albert］的说法）“模型柏拉图主义”。无论是施穆勒还是帕累托，都最激烈地反对其缺乏经验研究基础的特性或不涉及现实问题的经济理论模型。

除了上述的共同点，这两位人物在很多方面有所不同。不过从他们诸多的共同点可以看到，施穆勒的立足点是他那个时代的共识。在他离世两个世代以后，国民经济学走上了另一条道路。直到今天，不管是施穆勒的还是帕累托的计划都没有被实现。然而，实现这些计划所必须具备的理论条件却比过去更为优越了。

结 语

本文的读者往往会产生疑问——笔者也一样——为何对于施穆勒这样一位经济学大师会有如此之多的谬见流传？此外我们也会问，为什么"施穆勒纲领"没有在科学研究中被实践？为什么被施穆勒视为更简单化、更靠不住的学说会在经济学研究中占了优势？在此，这两个问题只能被提出，却无法获得解答。要解答第一个问题，必须进行一项国民经济学思想史的病理学研究；回答第二个问题则需要探讨"施穆勒纲领"的实现条件。我们不应该妄想，"施穆勒纲领"可以被今天那批占主流的经济学家原封不动地采纳。除此以外，一些专业条件仍付诸阙如。"施穆勒纲领"要求丰富的专业知识，最主要是跨学科的学术知识。但同时，它也要求有声誉的大学能够把精力投入科学研究中；要求各个国家机构——它们理应超然于互相争斗的利益集团之外——能够制定适当的政策，创造有关的制度；第三点，它要求建立一些科学协会和机构，各种当前的社会政治问题能够在其中以合作形式科学地被探究，并且以产生一种尽可能恰当的、理据充分的改革建议为目标。今天，这类研究几乎只会在某些机构内进行，这些机构通常依附于某个对某些问题的解答感兴趣的政党。因此，实现"施穆勒纲领"的重要专业、制度条件，今天是完全不具备的。只有当这些条件被满足了，一门施穆勒所设想的、包含制度条件以及从经验知识出发的国民经济学才有可能出现。

注　释

① Robert B. Ekelund, Jr. and Robert F. Hébert, *A History of Economic Theory and Method*, New York: McGraw Hill, 1975, S. 196-197.

② J. A. Schumpeter, "Gustav Schmoller und die Probleme von heute", *Schmollers Jahrbuch für Gesetzgebung und Volkswirtschaft im deutschen Reich*, 50, 1926/27, S. 337-388.

③ Edwin von Beckerath, "Gustav von Schmoller", In: Lynkeus: *Gestalten und Probleme aus Wirtschaft und Politik*, Thüringen: Mohr/ Siebeck, 1962, S. 69.

④ Edgar Salin, *Gesichte der Volkswirtschaftslehre*, Bern: Franke 1944, S. 171.

⑤ Gustav Schmoller, *Principes d' économie politique*, Paris: Giard & Briére 1905-1908, 5 Bände.

⑥ 近年来，斯蒂格勒（Stigler）和布坎南（Buchanan）获得诺贝尔奖等事件显示了这种重要性。

⑦ 可参见Jürgen Backhaus ed., "*Gustav von Schmoller and the Problems of Today*", Heilbronn, 1988里面相关的文章。

⑧ Gustav Schmoller, "The Idea of Justice in Political Economy", *Annals of the American Acadamy of Political and Social Science*, vol.4, 1893/94, S. 697-737.

⑨ 德语版发表于1880年，题为"Die Gerechtigkeit in der Volkswirtschaft" in *Schmoller Jahrbuch*。

⑩ 参见Nicholas W. Balabkins, *Not by Theory alone... — The Economics of Gustav von Schmoller and Its Legacy to America*, Berlin: Duncker & Humblot, 1988。

⑪ 例如，在这种意义上他批评了舍夫勒（Schäffle）。

⑫ 参见Manfred Schön, "Gustav Schmoller and Max Weber ", In: Wolfgang J. Mommsen / Jürgen Osterhammel (Hrsg.), *Max Weber and His Contemporaries*, London: Allen & Unwin (for the German Historical Institute) 1987, S. 59-70。

译后记

古斯塔夫·冯·施穆勒到底是谁？今天，不知道答案的不仅仅是普通的中国读者，也包括绝大部分欧美大学的经济系毕业生。也许有几个学习过经济学或社会学思想史的人还能想起来，他就是“方法论之争”[1]（与门格尔为代表的一批经济学家）和“价值中立之争”（与马克斯·韦伯、桑巴特等人）当中那个“一败涂地”的保守权威。至于他有什么成就，写过什么作品，就不甚了了，更不用说去读他的书。在当今的经济思想史教科书中，往往不是对他和他的学派加以不公正的贬抑，就是根本只字不提。萨缪尔森（Samuelson）在他的著名经济学教材里曾经描绘了经济学思想的谱系，其中包括了马克思主义，但是却完全没有德国新旧历史学派的影踪。对主流学界而言，德国历史学派是经济学一个已经枯萎的、可以忽略不提的分支。

到目前为止，施穆勒的大部分著作都没有英译本，被译成英语的只有寥寥数篇论文。对不通德语又希望了解施穆勒学术思想的读者，这无疑是巨大的障碍。汉译方面，据我所知有一篇民国时期由郑学稼从英语转译而来的《重商制度及其历史意义》[2]，而且久已绝版；另外，季陶达主编的《资产阶级庸俗政治经济学选辑》（商务印书馆1963年版）里收入了施穆勒《一般国

1 关于“方法论之争”可以参见Erik Grimmer-Solem (2003), *The Rise of Historical Economics and Social Reform in Germany 1864–1894*, Oxford: Clarendon Press，第7章。另外，这本书对历史学派与社会改革的关系进行了极详尽的阐述。——译注

2 中国国家图书馆网页的“民国图书”资源库中，提供了这个汉译本的数字版。——译注

民经济学大纲》的片断，是董洗凡从原著摘译的优秀译文。由于一手资料阙如，中国学者通常只能够通过二手文献了解施穆勒以及新历史学派的学说，这极大地限制了有关研究。

如今我们研究施穆勒还有意义吗？译者认为，施穆勒的学说在经济学理论日益形式化、抽象化的今天犹有现实意义，因为他指出了主流研究方法之外的另一片新天地。下面将简单地探讨一下，他的学说到底具有何种价值。由于篇幅所限，这篇译后记仅对施穆勒的生平和学术成就作一个简要介绍，我们的讨论将集中在他的方法论之上。

施穆勒生于德国海尔布隆（Heilbronn，位于今天的巴登-符腾堡州）的一个文官家庭，父亲是管理皇家产业的行政官僚。他从小就在父亲的办公室接触到工人、农民、手工业者等各式各样的下层民众，又在祖父母的住地卡尔夫（Calw）了解到不同阶层人民的生存状况，这些经验对他以后的学术生涯产生了巨大的影响。年轻的施穆勒曾短暂地任职文官，但是由于他在关税同盟问题上的亲普鲁士立场而被撤职（他任职的符腾堡，当时是德意志诸自治王国之一）。之后他转而投身学术，历任哈勒大学、斯特拉斯堡大学和柏林大学的教授。施穆勒常常被认为是德国新历史学派的领袖，其实那些属于“新历史学派”的经济学家在观点和方法上差异甚大，他们大多反对经济学中片面的抽象演绎方法，要求经济学必须建立在历史知识和真实经验基础上，并提倡社会改良。[1]在主要由新历史学派经济学家组成的社会政策协会里，施穆勒由于其渊博知识和超强的组织、活动能力，成为了这个圈子的中心人物。这个学派统治德国学界近半个世纪，并且在当时具有举足轻重的国际影响力。19世纪末，每个德国经济学家都是历史学派塑造出来的，无论他们赞同还是反对该学派的观点。又如，美国经济学会的所有创始人都在德国的大学取得博士学位，而美国的旧制度学派也深受新历史学派的影响。有一个时期，施穆勒的个人权威甚至能左右整个德意志帝国的教授任免。

1 也有例外，如卡尔·威廉·比歇尔（Karl Wilhelm Bücher）在方法论上赞同门格尔，反对施穆勒。

在经济政策领域，施穆勒及其同仁最大的功绩是促使俾斯麦政府建立了全世界第一个社会福利系统，为工人阶级提供医疗、养老等最低限度的保障。19世纪，在德国等国家快速工业化的过程中，随着旧社会经济秩序迅速解体，旧体制对劳动者的保护机制不复存在。蓬勃发展的工业只顾追逐高额利润，无视劳动者的利益。工人极其恶劣的生存境况导致尖锐的社会矛盾出现，尤其是此起彼伏的工人运动危及到国家、社会稳定。历史学派经济学家洞察当时的社会潮流，清醒地意识到，必须建立新的制度以应对这些危机。[1]施穆勒本人既反对来自英国的自由放任思想，也反对马克思主义的阶级斗争理论。他坚信自由市场不能自动地提高所有人的福利，相反，人们应该努力改良现存制度，致力于建设一个包含更高道德追求的社会。因此他毕生致力于改善工人的生存状况，倡导立法保护工人权益，试图以和平的方式使工人阶级融入社会主流。在19世纪下半叶，这种思想为社会主流所厌恶，1870年，一位记者嘲讽施穆勒等人是“讲坛社会主义者”（Kathedersozialist），意为学院里的傻瓜和烂好人，这个贬称一直沿用到今天。

1872 年 7 月，施穆勒与一批新旧历史学派经济学家，包括罗雪尔、希尔德布兰德、A.瓦格纳和布兰塔诺等，在哈勒（Halle）召开了“社会改良大会”。同年 10 月，他们在艾森拿赫（Eisennach）创立了以社会改良为目标的“社会政策协会”。由于触犯了既得利益，当时布兰塔诺和施穆勒的演讲引起了工业家与媒体的激烈抗议和指责，但是这并没有使他们泄气。经过多年努力，在这批经济学家的影响下，德国俾斯麦政府终于在 1880 年通过一系列社会福利法规，这些法规可被视为现代福利国家的基础。

如编者序中所说，施穆勒的学术研究主要集中在三个方面：1.社会福利问题，这是施穆勒反复论述并付诸实践的主题；2.在经济和公共管理领域中

1 卡尔·博兰尼（Karl Polanyi）在其名著《巨变：当代政治、经济的起源》（黄树民等译，远流出版股份有限公司1989年版）中也认为，资本主义国家的种种限制市场、保护劳动者的制度乃是社会自然产生的自我保护机制。

的历史性和描述性研究，在这类研究里，施穆勒运用了历史、制度、社会心理的分析方法，还有当时的新兴科学——统计学（尽管从今天的角度看比较粗糙），例如 1870 年的《十九世纪德意志小手工业史研究》；3. 经济学的方法论，也就是本书的主题，这也许是施穆勒留给我们的最重要遗产。

毋庸置疑，施穆勒的学说扎根于德国经济学传统，他的一些思想可以追溯到李斯特、罗雪尔、希尔德布兰德、克尼斯等人的著作，但施穆勒对这些思想进行了综合和发展。他的方法论有如下几个重要特点：

第一，施穆勒试图建立一种现实主义的、以真实经验为基础的经济学。人们都理所当然地认为施穆勒是历史主义者，但更确切地说，他是个经验主义者。施穆勒认为历史材料之所以重要，是因为我们通过积累、分析丰富的历史材料，能够总结出社会发展的规律性（尽管这个过程极漫长、困难），因此历史材料可以在很大程度上弥补社会科学研究中实验的缺位。但他并没有否定其他形式的事实材料，例如当代的实践经验。施穆勒坚持经济学不能建立在几条“先验真理”之上，而应该以广泛的事实为基础。而且考虑到经济学的不成熟状态，我们不能单纯地以演绎法推导出“经济规律”，而应该归纳和演绎并重。熊彼特这样概括施穆勒的思路：“以尽可能少的先验知识加诸待处理的经验素材，然后力图把握其种种内在相互联系，并借此增加能用于未来的新的先验知识以及获取新的思维方式，而这些思维方式又将成为现成的工具，用于进一步加工其他素材——素材与思维加工之间的交互作用如此这般反复地进行。”

第二，施穆勒认为经济现象不能从社会现象中剥离，促使人类行动的动机是多元的，因此经济学不能仅仅从人的自利动机出发，而应该具有更广泛的社会、文化视野。他一再强调必须慎用“隔离方法”，因为在他眼中，经济活动是复杂的现象，它由两个不同的原因系统决定：自然原因系统和精神原因系统，而它们各自又包含诸种复杂因素。前者固然会产生国家的特殊性（如一国的地理、资源条件），后者也会因历史文化条件不同而带来国家、时代的差异。如果不考虑人的动机的复杂性，仅从单一的自利倾向出发，或者忽略国家的特殊条件，孤立地考察经济现象，那就很容易得出简单化甚至错误的结论。这就是他激烈反对门格尔的原因。[1]这也反映在著名的“施穆勒纲领”中：他要求在研究经济问题，总结经济规律的时候，必须运用多元的方法，考察一切可获得的相关经验材料,以至于要建立一门包罗万象的“社会科学”[2]。然而，施穆勒却未能为如何总结一种兼顾“多元性”“复杂性”“特殊性”的经济规律提出清晰的方案。

第三，施穆勒否认存在一种永恒不变的经济学“自然定律”，从而认为经济学思想的目的不但是“认知”，而且是“创造”。他反对通过“自由放任”就能自动产生社会进步的看法，即经济学上的“自然论”。基于英国传统的经济学家一般认为，在经济领域也存在着“自然法则”，也就是“看不见的手”能实现资源的最优配置和整体福利的提高，但施穆勒依据他对现实的观察，特别是对低下阶层生存状况的了解，对此持否定态度。与之相反，他鼓励人们积极创造美好的社会，也肯定国家权力对社会经济生活的积极作用。对他而言，经济学应该是“建设性”的，经济学家应当思考如何创造能够改良社会的新制度，而这些新制度必须比旧制度更符合道德。因为道德是人类通过无数世代的实践得来的宝贵经验，所以它本身也具有实证性质。经济活动是社会有机组成部分，道德又是社会的重要基础，因此道德本来就是经济学不可或缺的成分。这就是施穆勒不同意“价值中立”的理由。

毋庸讳言，施穆勒留下的并不是一些我们可以直接应用的分析工具，他的学说本身仍然具有重大的缺陷。这些缺陷集中表现在他的巨著《一般国民经济学大纲》中。在此书里，施穆勒一方面不厌其烦地运用丰富的史料描述各种制度的生成，另一方面又试图运用概念工具进行推理。然而他的理论水平有时相当平庸。当时，这部巨著甚至令本阵营的学者也大失所望。最大

1 施穆勒对门格尔的批评是相当辛辣的，例如可参见他对后者《经济学原理》的简短书评，见商务印书馆2007年版《哈耶克评传》的附录A，布鲁斯·考德威尔著，冯克利译。

2 之后桑巴特提出“经济体制”(Wirtschaftssystem)，斯皮索夫提出“经济模式”(Wirtschaftsstil)，都可以视为对这种思想的发展。两者为分析一国的社会—经济系统提供了各自的框架，而且都包含了社会、政治、经济、法律等方面的因素。

的问题是，施穆勒无法以历史学派的方法总结出任何新理论。或者说，《大纲》里面根本没有我们称为“经济理论”的东西，它不是一个已完成的综合，而至多是一个临时的框架，施穆勒自己对经济学的很多设想并未得以发挥。熊彼特在早期的著名长文《古斯塔夫·施穆勒及当今的问题》中指出，施穆勒的主要工作其实属于“社会经济学”范畴。他还认为，施穆勒没有发展出理论工具，即像“价值—价格理论”一类的、用以分析经济现象及指导解决问题的手段；而且施穆勒的归纳方法也相当含糊，未能解决如何以经验材料证实或证伪经济理论这个实际问题。又如，施穆勒常常说经济学应该具备一个坚实的心理学基础，以涵盖各种影响经济行为的人类动机，他在论著中也确实大量使用社会心理分析，但是对于具体应该如何建立这个基础，却语焉不详。

就整个新历史学派而言，他们普遍过于注重描述性研究，强调精神性和制度，却疏于总结原理和发展一些实用的政策工具（社会保障领域除外）。例如其货币理论及景气理论对德国20世纪20年代的超级通胀和经济困难束手无策。这些因素导致了历史学派的衰落，以至于今天他们的遗产被大部分人所遗忘。

2008年，源于美国的次贷风暴引发了一场世界性经济危机。之后，各国政府以凯恩斯主义政策和各种形式的注资、货币增发暂时克服了困难。经过这场危机，对经济理论和实践中“市场原教旨主义”的怀疑、批评之声不绝于耳，有人说要加强金融监管；有人觉得应该使宏观经济学和金融模型更贴近现实，即把更多变量纳入其中；有人认为必须重新走凯恩斯主义道路；还有人断言经济学需要一场根本变革（尽管出于不同理由）。在那些要求改革经济学的人当中，至今未有人能提出一套系统的、能够补充或替代主流经济学的新范式。然而少数高瞻远瞩的学者（如日本学者盐野谷裕一）早已指出，德国新历史学派留下了卷帙浩繁的材料和一个意义重大的社会、经济分析框架，相对于主流经济学，它很可能是最具潜力的替代方案。因此译者相信，只要抱着继往开来的态度，当今的经济学及其他社会科学研究者就能从施穆勒的研究成果、研究方法，从他的成就甚至他的失败中获得启示。如此说来，对施穆勒的研究就不仅仅局限于经济思想史的范畴了。

与施穆勒的鸿篇巨制，尤其是跟《一般国民经济学大纲》相比，本书的篇幅相当小，但是如果我们把它跟施穆勒的其他作品相比较，就会发现它包含了施穆勒对经济学方法的几乎所有重要观点，而且内容相当精炼。虽然本书探讨的是经济学方法，最适合有一定经济学素养的学习、研究者，但是施穆勒的研究方法其实也是一个社会科学研究的重大框架，因此，对这些科学感兴趣的读者想必也能从中获益。

此外，考虑到中国学界对施穆勒的介绍很少，为了便于读者理解，本书的附录收入了德国经济学思想史专家约尔根·巴克豪斯的一篇论文补充介绍施穆勒思想，在此感谢巴克豪斯教授允许我翻译和使用他的论文。

在本书翻译过程中，曾得到数位德国师友的帮助，使我避免了不少错误，由衷感激！翻译不是我的本行，为了让国内读者能够一窥一代大经济学家的学术精髓，故勉力为之。我的目标是以比较流畅的汉语尽量准确地传达文意，至于译文是否文雅，能否再现作者的文风，就只好顺其自然了。不足之处，敬请各界读者批评指正。

黎　岗

“二十世纪人文译丛”首批出版书目

《希腊精神：一部文明史》	〔英〕阿诺德·汤因比　著	乔　戈　译
《十字军史》	〔英〕乔纳森·赖利-史密斯　著	欧阳敏　译
《大地与人：一部全球史》	〔美〕理查德·W. 布利特　帕梅拉·凯尔·克罗斯利　等著	刘文明　邢　科　田汝英　译
《欧洲历史地理》	〔美〕诺曼·J. G. 庞兹　著	王大学　秦瑞芳　译
《希腊艺术导论》	〔英〕简·爱伦·哈里森　著	马百亮　译
《意大利文学史》	〔意〕弗朗切斯科·德·桑科蒂斯　著	魏　怡　译
《国民经济、国民经济学及其方法》	〔德〕古斯塔夫·冯·施穆勒　著	黎　岗　译

图书在版编目（CIP）数据

国民经济、国民经济学及其方法 /（德）古斯塔夫·冯·施穆勒著；黎岗译. — 北京：商务印书馆，2017
（二十世纪人文译丛）
ISBN 978－7－100－15435－2

Ⅰ. ①国…　Ⅱ. ①古…　②黎…　Ⅲ. ①国民经济　Ⅳ. ①F014.1

中国版本图书馆 CIP 数据核字（2017）第248574号

国民经济、国民经济学及其方法
〔德〕古斯塔夫·冯·施穆勒　著
黎　岗　译

商　务　印　书　馆　出　版
（北京王府井大街36号　邮政编码 100710）
商　务　印　书　馆　发　行
苏州市越洋印刷有限公司印刷
ISBN 978－7－100－15435－2

2017年11月第1版　　开本 640×960　1/16
2017年11月第1次印刷　　印张 9¾

定价：36.00元